세계 기억력 챔피언의 초스피드 암기술

무엇이든 쉽게 기억하는
궁극의 암기 기술

세계 기억력 챔피언의 초스피드 암기술

무엇이든 쉽게 기억하는 궁극의 암기 기술

국제 기억력 그랜드 마스터
International Grand Master of Memory
마이클 티퍼 지음

김영정 옮김

"기억력에 대한 푸념은 많지만, 판단에 대해서는 없다."

– 벤저민 프랭클린(1706~1790)

차례

서문 10
이 책을 시작하며 12

1. 준비하기

왜 잊어버리는가? 18
나이 탓일까? 21
기억 파일링 시스템 23
두뇌와 기억력 28
상상, 연상 그리고 기억 34
원칙 안내 41
성공 확신하기 42

2. 천천히 몸풀기

스트레스 관리로 기억력 높이기 50
긴장 푸는 법 배우기 52
운동으로 기억력 높이기 53
잘 먹어야 기억력이 좋아진다 57
기억을 되살려주는 것 61
어디에 뒀더라? 64
그러고 보니 생각난다 67

3. 위대한 암기술

이름 기억하기 – 사교적 기법 76
사실 기억하기 – 기억술의 마법 82
여러 가지 기억법 85
해야 할 질문 89
철자 기억하기 92
비밀번호 외우기 95
길 외우기 98
할 일과 간단한 목록 외우기 104

기억해야만 하는 것	110
알파벳을 이용하여 쇼핑하기	116
들은 내용 기억하기	122
과거 소환하기	126

| 쉬어가기 | 129 |

4. 성공을 위한 훈련

이름과 얼굴 기억하기 – 연상 기억법	136
긴 숫자 외우기	142
여정 기법	150
날짜와 약속 기억하기	155
새로운 기술 익히기	160
외국어 단어 외우기	166
연설 내용과 우스갯소리 외우기	169
마인드맵®	175
자신만의 마인드맵® 그리는 법	179
읽은 내용 기억하기	180

5. 기억력 챔피언의 노하우

주요 기법	188
챔피언에게 배우기	192
카드 한 벌 외우기	196
전문적인 항목이 나열된 긴 목록	199

| 감사의 말씀 | 202 |

아버지께 이 책을 바칩니다.

서문

"할 수 있는 사람은 직접 하고, 할 수 없는 사람은 가르친다"라는 말이 있다. 그러나 이 책의 저자 마이클 티퍼와는 상관없는 말이다. 그는 세계 기억력 챔피언십The World Memory Championship에서 가장 위협적인 선수였을 뿐 아니라, 학습 능력 강화 원리 분야의 전문 지도자이기 때문이다.

이 기억력의 대가는 검증을 거친, 신뢰할 만한 기억력 기법에 관해 이 책에서 알기 쉽게 설명하고 있다. 사실 티퍼는 세계 기억력 챔피언십에서 은메달을 수상했고 누구나 선망하는 기억력 부문에서 그랜드 마스터라는 타이틀을 지니고 있으니, 대가라는 말로도 부족하다.

티퍼가 세계적인 대회에서 실력을 겨루기 위해 기억력을 갈고닦은 목적은 단 하나다. 누구나 단순한 법칙을 활용하여 지적 수행 능력을 획기적으로 개선하고, 각자의 분야에서 성공을 거둘 수 있다는 사실을 보여주기 위해서다. 그리고 나 역시 그의 생각에 동의한다.

티퍼는 이를 제대로 증명했다. 그뿐만 아니라 많은 이들이 혜택을 누릴 수 있도록 기억력 기법을 효과적으로 활용하는 방법을 설명하는 데에도 대단한 재능을 가지고 있다. 이미 6만 5,000명 이상의 사람들이 생동감 넘치는 강의를 들었고, 50만 명의 어린이가 그의 교육 프로그램을 통해 실질적으로 효과를 보았다. 가정이나 직장 혹은 학교에서 기억력을 향상하기 위해 노력하고 있는 독자들에게 티퍼의 책을 추천하게 되어 더할 나위 없이 기쁘다.

도미니크 오브라이언
세계 기억력 챔피언십 8회 우승자

이 책을 시작하며

많은 사람이 기억력이 나쁘다고 생각한다. 당신도 그런 생각에서 이 책을 집어 들었을 것이다. 나는 그 심정이 어떤지 충분히 이해한다. 나도 몇 해 전에 당신과 똑같은 생각을 했고, 지금 당신처럼 '문제'에 대한 해답을 찾아 나섰기 때문이다.

겨우 16살이었던 나는 새로운 직업을 갖고 싶어 영국 해군 사관학교에 수습생으로 들어갔다. 학교생활에 잘 적응했지만, 얼마 안 가 해군의 학습 환경은 일반 학교와 매우 다르다는 것을 깨달았다. 나는 어쩔 수 없이 피나는 노력을 기울여야 했다. 특히 엄청나게 많은 새로운 정보를 아주 빠르게 외워야 하는 것이 정말 힘들었다. 자연스레 내 기억력에 문제가 있다고 여기고, 이를 해결할 방법을 찾아 나섰다.

하지만 곧 내 기억력에는 아무 문제가 없다는 사실을 알게 되었다. 문제는 기억을 사용하는 법을 모른다는 데 있었다.

그러던 어느 날, 나는 신문에서 기억력 강좌 광고를 보았다. 그 강좌를 듣고 몇 가지 간단한 기법을 익히자, 시험을 쉽게 통과할 수 있었다. 새로 익힌 기술 덕분에 나는 상사들에게 좋은 인상을 남겼고, 덕분에 장교 교육생으로 선발되었다. 그다음에는 공학 학위를 취득하고, 이어서 영국 해군의 엘리트 잠수함 부대에 배치되었다.

그 후로 해군에서 훈련을 받으며 기억력과 학습 능력은 한층 더 많은 시험을 받았고, 그때마다 우수한 성적을 거두었다. 나보다 훨씬 재능도 많고 능력도 출중한 동기들 틈에서 말이다.

나와 동기들의 차이점은 내가 더 훌륭한 학습 전략을 지니고 있다는 것뿐이었다.

결국, 나는 동료와 친구 들에게도 기억력과 학습 능력을 개선하는 방법을 알려주기 시작했다. 그러면서 내가 다른 사람들과 정보를 나누고 그들이 발전하도록 돕는 것에 열정과 재능을 가지고 있다는 사실을 깨달았다. 그 무렵, 나는 세계 기억력 챔피언십에 참가하게 되었고, 두 번째 시도 만에 은메달을 목에 걸면서 기억력의 그랜드 마스터가 되었다.

이런 성공 덕분에 전문 강사가 되었고, 지난 몇 년 동안 전 세계의 6만 5,000여 명의 사람들과 함께하면서 프로그램을 개발했다. 이 프로그램은 이제까지 50만 명이 넘는 사람들에게 전해졌다.

나는 경험과 수년에 걸쳐 많은 사람들과 함께 이뤄낸 연구 성과를 통해 기억이 어떻게 작동하는지 이해하게 되었다. 누구나 활용할 수 있는 기본적인 아이디어 몇 가지만 알고 있으면 기억력을 개선할 수 있다. 이 책에는 기억에서 더 많은 것을 끌어낼 수 있을 뿐 아니라, 기억력을 훨씬 좋게 만드는 강력한 전략이 모두 담겨 있다.

다음에 나오는 문장에 답해보고, 이 책이 필요한지 직접 결정해보자. 각 문항에 '예', '아니오' 또는 '가끔 그렇다' 중 하나로 답한다. '예' 또는 '가끔 그렇다'가 5개 이상이면 이 책이 크게 도움이 될 것이다. 스스로 기억력에 문제가 있다고 생각할 수도 있지만, 나는 그렇지 않다고 단정할 수 있다. 아무도 기억을 사용하는 법을 가르쳐주지 않아 모르는 것뿐이다.

이 책을 통해 기억력을 개선할 뿐 아니라, 집중력과 정신력을 한 차원 높여줄 단순한 기법과 전략을 차근차근 배우게 될 것이다.

아래 문항 중 해당하는 증상은 무엇인가?

- 방금 만난 사람의 이름을 기억하는 게 어려울 때가 있다.
- 몇 주 전에 만난 사람의 이름을 기억하는 게 어려울 때가 있다.
- 종종 방에 갔다가 무슨 물건을 가지러 간 건지 잊어버리곤 한다.
- 종종 자동차 열쇠나 지갑, 안경 등을 어디에 두었는지 생각나지 않는다.
- 때때로 어디에 차를 주차했는지 기억나지 않는다.
- 자주 중요한 약속을 잊어버리고 지키지 못한다.
- 친구나 친척의 생일이나 기념일을 잊어버리는 것으로 유명하다.
- 신용카드의 비밀번호를 적어두어야 한다.
- 휴대전화를 잃어버려서 통신사에 전화해야 할 경우, 어떤 번호로 걸어야

할지 모른다.
- 할 말이 생각나지 않을까 봐 사람들 앞에서 이야기하는 것을 피한다.
- 여러 종류의 기사를 몇 시간 동안 읽고 난 후, 읽은 내용을 기억하기 힘들다.
- 나이가 들면서 기억력이 나빠진 것 같다는 생각이 든다.
- "난 정말 기억력이 나빠"라든가 "또 까먹었네"라고 혼잣말을 한다.
- 기억하고 있어야 할 것을 잊어버릴 것 같다.
- 새로운 것을 배우고 싶은데, 기억력이 미덥지 않다.

이 책에서 소개하는 기억력 개선법은 복잡하지 않다. 그러므로 잘 따라 하면 기억력이 몰라보게 좋아질 것이다. 하지만 더 쉽게 목표를 이루려면, 기억력에 문제가 있는 것처럼 느끼는 이유와 기억력 개선법의 토대를 이루는 기본 원리가 무엇인지 먼저 이해하는 편이 도움이 될 것이다.

이 장에서 사람들이 자꾸 잊어버리는 이유를 이해하고, 건망증은 나이를 먹으며 겪게 되는 피할 수 없는 증상이 아니라는 사실을 알게 될 것이다. 그리고 강력한 기억력의 주된 원칙과 함께, 두뇌와 사람들이 정보를 머리에 저장해두었다가 끄집어내는 방식에 대해 간단히 살펴볼 것이다. 또한 5단계로 된 기억력 개선법도 배울 것이다. 분명히 이 방법을 잘 따른다면, 지금보다 훨씬 좋은 기억력을 갖게 될 것이다.

1
준비하기

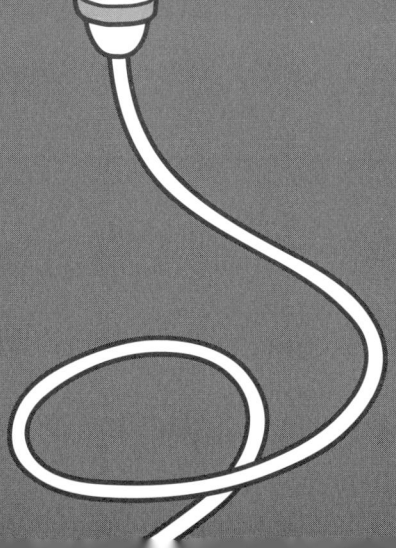

왜 잊어버리는가?

기억력을 강화하는 방법을 알아보기 전에, 우선 왜 잊어버리는지에 대해 이해하는 것이 중요하다. 기억을 꺼내 쓰는 능력에 영향을 미치는 요소는 주어진 정보와 정보가 주어지는 시점, 그 이후의 정신적, 육체적 상태, 그리고 머릿속에서 자연스럽게 진행되는 일련의 과정 중 일정 부분과 관련되어 있다.

건망증의 일반적 원인

건망증에는 다양한 원인이 있고, 각각의 원인은 여러 경우에 영향을 미칠 수 있다.

- 관심이 없는 경우 - 사람들은 대개 관심이 없는 일에는 주의

를 기울이지 않는다. 그 결과 이해할 수도, 배울 수도, 기억할 수도 없다.

- 집중하지 못하는 경우 - 이것은 관심이 없는 경우와도 관련이 있다. 다른 데 주의를 기울이면 정작 집중해야 할 것에 몰두하지 못한다. 아무리 중요한 정보라고 해도 집중하지 않고 다른 생각을 하면 머릿속에 입력되지 않는다.
- 스트레스가 심한 경우 - 스트레스를 받는 것은 기억을 효과적으로 사용하는 데 최악의 상태다. 스트레스가 많으면 새로운 것을 배우기 힘들 뿐 아니라, 다시 떠올리기도 쉽지 않다.
- 정보가 너무 많은 경우 - 주어진 정보가 너무 많으면 그것에 압도되어(그래서 스트레스를 받게 됨) 배우고 기억하는 것이 힘들다.
- 체계가 잡히지 않은 정보의 경우 - 제각기 분산된 정보를 기억하는 것은 논리적으로 체계화된 정보를 생각해내는 것보다 훨씬 힘든 일이다.
- 정보 간의 연결 고리가 약한 경우 - 뒤에서 소개하겠지만, 뇌는 정보를 서로 연결해 기억한다. 정보 간의 연결 고리가 약하면(예를 들어, 이름과 얼굴 사이의 연결 고리) 정보를 기억해내기가 더 어렵다. 그리고 사용되지 않은 정보는 기존의 지식에 통합되지 못하고 정보 간의 연결 고리가 약화되어 기

억해내지 못하는 원인이 된다.
- 너무 오래전에 정보가 입력된 경우 - 사건이 발생하고 한참 후에 생각해내야 하는 경우, 그 기억은 흐려지게 마련이다.
- 간섭이 발생하는 경우 - 머릿속에 생각이 너무 많으면 새로운 정보가 기존의 지식에 간섭을 일으키고, 마찬가지로 새로운 정보도 더 새로운 정보가 입력될 때 간섭을 받을 가능성이 매우 크다. 이는 기억을 소환해낼 때 부정적으로 작용한다.

다행스러운 점은, 생각하는 방식을 조금만 바꾸어도 건망증을 이겨내고 기억력을 크게 향상시킬 수 있다는 것이다.

"즐거움이 시들어버릴 꽃이라면,
기억은 오래 지속되는 향기와 같다."

- 장 드 부플로(1738~1815)

나이 탓일까?

사람들은 나이가 들면서 기억력이 예전 같지 않게 느껴지고, 자연스럽게 정신 활동의 쇠퇴가 나이 때문이라고 여긴다. 하지만 질병에 걸렸거나 어디가 특별히 아픈 게 아니라면, 기억력은 시간에 따라 쇠퇴하는 것만은 아니다.

기억력은 쇠퇴하지 않는다

60세 이상을 대상으로 한 연구를 보면, 기억력이 조금 쇠퇴하거나 전혀 쇠퇴하지 않은 것으로 나타났다. 그저 반응 속도가 느려졌을 뿐이다. 사람들이 추측하는 것처럼 기억력이 현저하게 쇠퇴하는 이유는 다음 중 몇 가지가 합쳐졌기 때문이다.

- 나이 든 사람들은 기억을 예전처럼 사용하지 않는다.
- 전보다 운동을 덜 하기 때문에 젊었을 때만큼 뇌에 산소가 공급되지 않는다.
- 한두 가지를 잊어버리면 기억력이 나빠졌다고 믿는다. 그리고 스스로, 혹은 다른 사람들에게 기억력이 예전 같지 않다고 말하며 이를 더 굳게 믿는다.
- 자기가 산만해서 잊어버리고는 기억력을 탓한다. 사실 기억력이 아니라 집중력이 문제인데도 말이다.

생각하는 방식을 바꾸고 생활에 변화를 주면 이런 이유는 아무 문제가 되지 않을 것이다. 그러므로 아무리 나이가 들어도 기억력이 좋을 수 있다.

기억 파일링 시스템

기억력이 원하는 만큼 좋지 않다면, 정보를 쉽게 꺼내 쓸 수 있는 방식으로 정리하지 않았기 때문일 것이다. 이는 이미 가지고 있는 강력한 기억 소환 시스템을 조정하는 문제다.

가상의 문서 보관함

기억이 가상의 거대한 문서 보관함이라고 상상해보자. 예를 들어, 업무 회의에서 데이비드 존스라는 사람을 만났다. 그러면 그의 얼굴과 이름을 한 개의 기억 파일에 저장하고 '업무 회의에서 데이비드 존스를 만났음'이라는 꼬리표를 붙여둔다.

나중에 아는 얼굴을 만나면 그 얼굴이 저장된 파일이 있는 기억 파일 시스템으로 간다. 그러면 파일이 데이비드 존스의 얼굴이라고 알려준다.

얼굴을 본다 > 기억 파일로 간다 > 이름을 떠올린다

또는 데이비드 존스라는 이름을 들은 경우, 기억 파일 시스템에서 이름이 저장된 파일이 그의 얼굴을 보여준다.

이름을 듣는다 > 기억 파일로 간다 > 얼굴을 상기한다

힐러리 클린턴

연습 1

위의 두 단어를 읽어보자. 읽으면서 생각나는 것이 무엇이며, 그것이 떠오르는 데 시간이 얼마나 걸렸는지 살펴보자.

이 연습을 시작하면, 사람들은 대개 즉각적으로 마음속에 힐러리 클린턴의 얼굴이 떠오른다. 아마도 TV에 나왔던 힐러리 클린턴의 수많은 모습 중 하나이거나, 연설 동영상에서 본 그녀의 얼굴일 것이다. 아니면 번쩍거리는 잡지 표지에 실린 남편과 함께한 사진이라든지.

어떤 이미지가 제일 먼저 떠오르느냐는 힐러리 클린턴과 개인적으로 어떤 연관이 있는지에 달렸다. 어떤 이미지인지는 문제가 되지 않는다. 가장 친숙한 이미지가 무엇인지가 중요한 것이 아니라, 이 연습을 통해 얼마나 강력한 기억 소환 시스템이 있는지 아는 것이 중요하기 때문이다.

순식간에 힐러리 클린턴의 이미지로 곧장 연결되어 기억에서 소환할 수 있었다. 눈 깜짝할 사이에 머릿속에 저장해둔 수백만 개의 서로 다른 이미지들 가운데 힐러리 클린턴의 이미지를 찾아냈다. 이것이 믿을 수 없을 만큼 놀라운 기억력이라는 기술이며, 이러한 자신의 기억력에 자부심을 가져도 된다.

연습 2

이제 다양하게 연습해보자. 라디오의 뉴스 진행자가 말하고 있는 사람이나 주제, 장소가 얼마나 빨리 떠오르는지 알아보자. 다시 한번 얼마나 빠른 속도로 관련된 이미지를 선명하게 떠올리는지 인식하면, 이로 인해 자신의 기억력이 이미 얼마나 훌륭한지 다시금 확신하게 될 것이다.

연습 3

친구와 함께 연습 1을 반복해보자. 서로 떠오른 이미지를 비교해보면 이미지와 자신의 연관성이 매우 특별하다는 것을 깨닫게 된다.

연상이 가진 힘

이렇게 힐러리 클린턴의 이미지나 뉴스에 나오는 사람이나 주제를 떠올리는 과정을 연상이라고 한다. 사람의 이름이나 얼굴을 찾아내기 위해 기억 파일 보관함으로 직행하도록 하는 과정이 바로 연상이다.

기억은 두 가지 방법을 거쳐 연상을 체계화한다. 먼저, 기억은 연상된 것을 모두 하나로 연결하여 조직한다. 그렇게 하면 어떤 것이 연상되었을 때 그것과 연결된 다른 것을 떠올리게 하고, 이어서 이와 연결된 또 다른 것이 연상된다. 이러한 현상이 차례로 이어져 더 많은 기억을 불러일으킨다. 이렇게 물고 물리는 현상은 계속 이어진다. 둘째로, 기억은 여러 연상을 연결 고리로 결합하여 묶어서 하나의 개념으로 분류한다. 모든 개념은 원래의 생각에 직접 연결되어 연상된다.

이러한 현상을 이해하고 기억을 더욱 효과적으로 활용하여 강력한 영상을 만들어내면, 지금보다 훨씬 더 잘 외우고 잘 꺼내 쓸 수 있다. 그리고 연상을 즉시 소환할 수 있는 당신의 능력이 정말 대단하다는 사실도 깨닫게 될 것이다.

"모든 사람은 사진과 같은 기억을 지니고 있다. 다만 어떤 이들에게는 필름이 없을 뿐이다."

- 미상

두뇌와 기억력

뇌는 신체에서 일어나는 모든 일을 중앙에서 통제하는 기관이다. 두 귀 사이에 있는 회색질에서는 초 단위로 수천 가지의 화학적, 전기적 반응이 일어나고 있다. 이러한 뇌가 어떻게 작동하는지 이해하면 뇌를 더욱 효과적으로 사용하여 기억력을 증진시킬 수 있다.

 ## 뇌의 구성 요소

뇌는 뉴런이라 불리는 수억 개의 세포로 구성되어 있다. 뉴런은 각각 수천 개의 다른 뉴런과 연결된다. 모든 생각과 감각, 기억은 두 개 이상의 뉴런이 연결된 것이다.

>> 뇌의 단면도

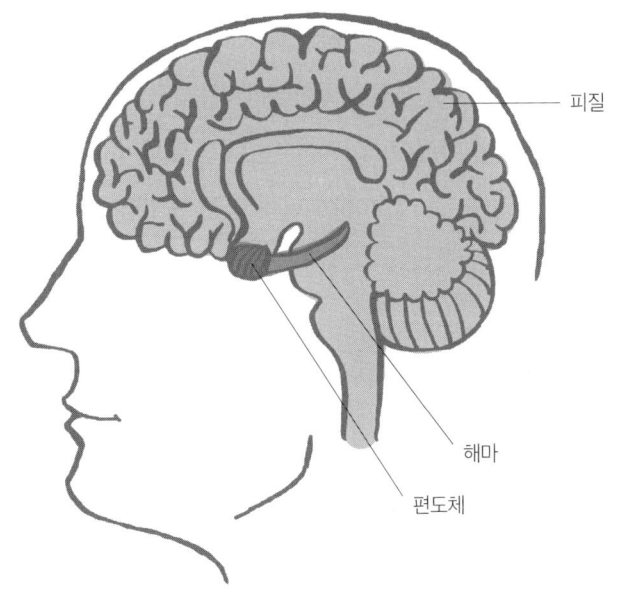

뇌의 주요 부위

복잡하게 서로 연결된 메커니즘을 지닌 뇌의 기능을 몇 마디 말로 설명하는 것은 불가능하다. 하지만 기억력을 살펴보려면 알아두어야 할 몇 가지 '주요 부위'가 있다.

'편도체'는 입력된 정보에 정서적 가치를 부여한다. 경험에 부여된 정서적 연결이 강할수록 더 잘 기억된다.

'해마'는 단기 기억을 장기 기억으로 전환하는 일을 담당한다.

또한 잘 알고 있는 물건이나 장소를 떠올릴 때 '불이 켜지는' 영역(뒤에서 우리가 이용해야 할 부분)이기도 하다.

'피질'은 뇌에서 생각을 담당하는 부분으로 알려져 있는데, 의식적인 사고 과정이 일어나는 곳이기 때문이다. 피질은 좌뇌와 우뇌로 나뉘며, 지난 50여 년에 걸친 연구를 통해 양쪽이 서로 다른 역할을 한다는 사실이 밝혀졌다. 양쪽의 차이는 다음과 같다.

좌뇌	우뇌
목록, 선, 논리, 단어, 숫자, 순서	리듬, 색, 공간감, 그림, 공상, 상상

현재 두 부분으로 나뉜 뇌의 각 부분의 관계는 훨씬 더 복잡하다고 알려져 있다. 최근의 이론에서는 좌뇌는 직렬 처리를, 우뇌는 병렬 처리를 하는 한편, 좌뇌는 세부적인 데 집중하는 반면에 우뇌는 더 큰 그림을 본다는 것이 연구를 통해 밝혀졌다.

학습과 기억을 위한 전통적인 기법은 좌뇌의 기능과 관련된 행위에 치중한다. 하지만 이제는 뇌의 양쪽을 많이 사용할수록 더욱 효과적으로 사고할 수 있으며 기억력도 좋아진다는 것이 명백히 밝혀졌다.

여러 가지 뇌파

완전히 깨어 있는 상태부터 깊은 잠에 빠진 상태에 이르는 다양한 의식 상태에서 뇌는 서로 다른 파장을 지닌 전기적 활동을 일으킨다.

베타(β)파는 가장 높은 파장으로, 완전히 깨어 있을 때 나온다. 알파파(α)는 깨어 있긴 하지만 편안한 상태에서 우세한 뇌파다. 잠에 빠져들면서 몽롱한 상태에 이르면 세타(θ)파가 나오고, 깊은 잠에 들면 델타(δ)파가 나온다.

학습은 침착하고 긴장이 풀린 알파파 상태에서 하는 것이 가장 효과적이다. 다행히도 기억력을 향상하기 위해 명상과 긴장 완화법으로 이 상태에 이를 수 있다.

뇌에 작용하여 기억력에 영향을 미치는 것

뇌는 조율이 아주 잘된 악기처럼 섬세하다. 그리고 통제할 수 있는 여러 요소에 의해 영향을 받는다. 예를 들어, 과도한 카페인이나 니코틴, 알코올은 뇌의 섬세한 화학적 균형을 깨뜨리고, 당연히 뇌의 수행 능력을 떨어뜨린다. 먹는 것 또한 영향을 주기 때문에, 균형 잡힌 건강한 식단은 지적 능력을 높이는 데 도움이 된다. 특히 기억력을 강화하는 음식을 섭취하는 것이 좋은데, 감귤류나 장과류(포도나 딸기 같은 열매―옮긴이), 푸른색 채소와 같이 항산화 성분이 풍부한 음식이 좋다(59쪽 참조).

"기억은 모두가 항상 지니고 다니는 일기장이다."

- 오스카 와일드(1854~1900)

산소와 뇌

산소가 충분히 공급되지 않으면 뇌는 결국 죽는다(그러면 당신도 죽는다). 뇌의 무게는 고작 몸무게의 2%밖에 되지 않지만, 몸속에 들어온 산소의 25%가 뇌에서 사용된다는 사실로 미루어 볼 때 산소는 중요하다. 호흡을 효율적으로 할수록 더 많은 양의 산소가 뇌에 공급된다. 나중에 설명하겠지만, 이 점이 운동을 해야 하는 매우 중요한 이유이기도 하다.

잠의 중요성

잠은 뇌가 건강하게 활동하는 데 필수적인 요소일 뿐 아니라 학습과 기억에도 매우 중요하다. 수많은 연구를 통해, 학습하고 난 다음 깊은 잠을 자고 나면 기억이 더 잘된다는 사실이 밝혀졌다. 잠을 자는 동안, 뇌는 최근 경험을 다시 방문하여 강화하고 기억에 새긴다. 흔히 사람들이 믿는 것과는 달리, 잠들어 있는 동안에 새로이 학습하는 것이 아니라 이미 학습한 정보를 통합하는 것이다.

상상, 연상 그리고 기억

뇌는 놀라운 성능을 지닌 컴퓨터와 같지만, 아쉽게도 사용 설명서가 없다. 여러 가지 시행착오를 거쳐 뇌를 사용하는 법을 익히면서 현재의 사고 방법을 천천히 발전시킨 것이다. 당신이 만든 사고 방법을 토대로 뇌를 사용하여 기억력을 향상시키는 방법을 알아보자.

 적은 노력으로 많이 성취하기!

흔히 더 열심히, 더 오랫동안 학습할수록 더 잘 기억할 것이라고 생각한다. 하지만 그것은 오해다. 우리에게는 다행스럽게도, 뇌는 원래 그런 식으로 돌아가지 않기 때문에 사실이 아니다. 사람은 학습할 때 중간에 배운 주제는 슬쩍 건너뛰고 처음과 마지막에 배운 정보를 기억하는 경향이 있다.

이것을 초두 효과와 최근 효과라 한다. 학습 시간이 길어질수록 슬쩍 건너뛰는 시간은 더 길어지고 기억도 잘 나지 않는다. 그러므로 기억하기 '가장 좋은 지점'인 최근과 초두가 늘어나도록 자주 쉬는 것이 더 많이 기억할 수 있는 비결인 셈이다. 경험에 의하면, 20~50분간 학습하고 5~10분 정도 쉬는 것이 좋다. 그렇게 하면 더 많이 외울 수 있을 뿐 아니라 맑은 정신과 각성 상태를 더 오랫동안 유지할 수 있다.

강력한 기억력의 비결

기억력을 최대로 끌어올리기 위해 3가지 간단한 단계를 알아보자. 이는 원하는 만큼 오랫동안, 원하는 것을 완벽하게 기억할 수 있는 비결이다.

상상력을 활용하는 방법

가장 최근에 사람들로 붐비는 거리를 걸었던 때를 떠올려보자. 특별히 눈에 띄는 사람이 있는가? 수많은 사람을 지나쳤지만, 누구도 기억나지 않을 것이다. 하지만 큼직하고 샛노란 코트를 입고 새파란 깃털이 달린 빨간 모자를 쓰고 까만 가죽 부츠를 신은, 키가 2미터나 되는 여자가 분홍색 코끼리에 올라타 애국가를 부르며 지나갔다면 어떨까? 물론 기억할 것이다. 그 이미지는 다른 사람들과 너무나 다르기 때문이다.

물론 삶의 모든 것이 그처럼 독특하거나 눈에 띄지는 않지만, 상상력의 힘을 빌려 몇 가지 단순한 법칙만 적용하면 기억하기 쉽게 만들 수 있다. 다음은 '기억하기 위한 양념'을 더하는 몇 가지 방법이다.

- 무미건조하고 지루한 주제라도 시각적이고 상징적으로 생각한다.
- 선명하고 강렬한 색깔을 많이 사용한다.
- 작은 것은 크게 부풀린다.
- 큰 것은 작게 고쳐 생각한다.
- 움직임이 많은 그림을 만들어낸다.
- 모든 감각을 동원해 연결한다.
- 이미지를 노골적이고 파격적으로 지어내 최대한 충격적으로 만들어라.
- 기이하고 비범한 연상을 활용한다.
- 상황을 최대한 재미있게 만든다. 특히 유머를 곁들이면 기억하기 쉽다.

이 과정을 가장 쉽게 한 문장으로 설명하면, 만화 영화 〈톰과 제리〉처럼 생각하라는 것이다! 만화 영화 작가가 되라는 게 아니라 그저 상상력에 단비를 내려주라는 것이니 걱정은 붙들어 매자. 어쩌면 자신이 해낸 성과에 놀라 자빠질 일이 생길지도 모른다.

"상상은 지식보다 훨씬 강력하다."

-앨버트 아인슈타인(1879~1955)

연상 - 효과적인 기억 소환의 열쇠

앞에서 뇌가 연상을 통해 기억을 체계화하는 연합 체계라는 사실을 배웠다. 연상으로 기억을 체계화하는 데는 2가지 방식이 있다. 첫 번째는 계속해서 일어나는 연상을 사용하는 것이다. 하나가 다른 하나를 생각나게 하는 도화선이 되고, 이렇게 생각난 다른 하나는 또 다른 도화선이 되는 과정이 반복된다. 예를 들면 다음과 같은 식이다.

나무 > 공원 > 산책 > 발 > 신발 > 신발 끈

두 번째는 한 묶음의 연상이나 연결 고리를 사용하는 것이다.

다음의 경우처럼, 어떤 생각이나 개념에 그와 관련된 단어들이 속해 있는 경우다.

기억하려는 항목들을 서로 단단히 연결하고 고리를 여러 개 걸어두면 훨씬 효과적으로 기억해낼 수 있다. 특히 앞에서 설명한 방식으로 상상력을 동원하여 연결을 강화하면 된다.

연상 체계화하기

필요할 때마다 연상에 선택적으로 접근할 수 있어야 강렬한 연상이 크게 도움이 될 것이다. 기억이라는 강력한 파일 시스템을 체계화하여 어떤 파일이든 쉽게 찾을 수 있어야 한다. 그러려면 파일마다 이름표를 붙여주면 된다. 시각화 기법을 토대로 파일에 이름표를 붙이는 다양한 방법에 대해 알아보자.

25쪽의 '힐러리 클린턴 연습'에서 알게 된 것처럼, 사람은 언어나 숫자보다는 그림으로 생각하는 경향이 있다(지난 200만 년 동안 언어로 사고하도록 길들었지만, 문자 이전의 시대로 거슬러 가보면 사람은 타고나길 그림이나 감정, 감각으로 생각하려 한다).

더 오랫동안 기억하기

많은 사람이 최근에 일어난 일이 기억나지 않으면 기억력이 나빠서 그렇다고 믿는다. 하지만 이것은 정상적인 현상이다. 대개 사람들은 새로운 정보가 입력된 후 하루 이틀 내에 정보의 20% 정도만 기억하고 나머지는 잊어버리는 경향이 있다. 이는 새로 입력된 것과 유사하거나 관련 있는 정보가 새로운 정보를 덮어버리는 현상 때문이다. 그래서 여러 기억 중에 하나의 기억을 구분해내는 것이 더 어려워지고, 그 결과 기억력이 감소하는 것이다. 이러한 현상을 혼란 요소라 한다. 새로운 정보가 기억에 남지 못하는 것은 기억력이 나빠서라기보다는, 언제, 어디서나 꺼내 쓸 수 있도록 정보를 기억에 붙들어두는 적절하고 효과적인 처리 과정을 갖추지 못했기 때문이다.

기억하기를 연습하라

중요한 정보를 기억하고 싶으면, 10분 후, 하루 후, 일주일 후, 한 달 후, 석 달 후, 여섯 달 후에 정보를 기억해내는 연습을 해야 한다. 그러면 중요한 정보가 장기 기억에 저장된다. 그렇게 기억에 각인된 정보는 원하는 때에 언제든 꺼내 쓸 수 있다.

 ## 작은 단위로 나누기

아이들이 하는 우스갯소리를 떠올려보자. '코끼리를 먹어 치우는 방법은?'이란 질문의 대답은 바로 '한입씩 먹기'다. 기억해야 할 정보를 다룰 때도 같은 법칙이 적용된다. 정보를 작은 단위로 나누면 다루기 쉬워지고, 그러면 기억하기도 쉬워진다.

이 책에서는 쉽게 기억 파일에 접근하여 외운 것을 떠올릴 수 있도록 상상력과 연상, 회상을 활용하여 기억 파일을 체계화하는 특별하고 강력한 방법을 소개할 것이다.

원칙 안내

이 책에서 기억력을 개선시키는 모든 기법에 적용되는 기본 원칙은 다음과 같다.

- 20~50분 작업하고 5~10분간 쉰다.
- 상상력을 동원해 기억에 남을 만큼 강렬한 이미지를 만들어 머리에 새긴다.
- 연결 고리와 사슬을 사용하여 강력한 연상을 만들어낸다.
- 이 책에서 배울 여러 기억 파일 시스템 중 하나를 사용하여 연상을 체계화한다.
- 주기적으로 학습한 내용을 불러내는 연습을 실시하여 장기 기억이 되도록 한다.
- 정보를 더 작고 다루기 쉬운 단위로 쪼갠다.

"내겐 망각한 것을 떠올리는 훌륭한 기억력이 있다."

- 로버트 루이스 스티븐슨(1850~1894)

성공 확신하기

어느 분야에서든 남이 알아줄 만큼 크게 성취한 사람들을 보면 반드시 공통점이 있다. 가장 높은 산에 오르길 원하든, 새로운 직업을 구하든, 기억력을 개선하고 싶어 하든, 어떤 경우에도 성공한 사람의 태도를 지니면 목표에 도달할 가능성이 더 커진다.

성공에 이르는 5단계

1단계 - 목표를 세운다

이 단계가 가장 중요하다. 목표를 명확하게 정하지 않으면 달성했는지 아닌지 알 수 없기 때문이다. 목표는 이해하기 쉽고, 측정 가능해야 하며, 기한이 있어야 한다. 그리고 반드시 적어두어야 한다. 적어두어야 하는 이유는 머리를 스쳐 지나가는 생각을 목표로 바꾸어 현실로 만드는 첫 단계이기 때문이다. 다음은 목표를 글로 옮기는 2가지 예다.

- 나는 기억력을 좋게 하고 싶다.
- 나는 다음 달에 사업이나 사교 모임에서 새로 만나는 사람 중 15명의 성과 이름을 그 자리에서 외우고, 나중에 다시 만나면 이름을 떠올릴 수 있길 바란다.

첫 번째 예는 내용이 모호하고 성공에 대한 정의나 목표를 거둘 시기가 명확하지 않다. 두 번째 예는 목표가 매우 명확하게 정의되어 있고 기한도 정해져 있다.

2단계 - 계획을 짠다

목표를 설정했다면 계획을 짜야 한다. 가장 간단한 접근법은 먼저 목표를 달성하기 위해 해야 할 일의 목록을 만든 다음, 순서대로 정리하는 것이다.

만약 1단계에서 제시된, 이름을 그 자리에서 외우겠다는 목표의 경우에는 다음과 같이 계획을 시작할 수 있다.

- 이름 외우기에 관한 부분을 읽는다.

- 혼자서 연습해본다.
- 가족들에게 이름 외우는 법을 설명해보고, 내가 잘 이해하고 있는지 확인한다.
- 친구들을 대상으로 연습한다.
- 다음 회의에서 새로 만난 사람에게 이 기법을 시험해본다.

3단계 - 할 수 있다고 믿는다

할 수 있다고 믿지 않으면 실행 능력이 심각하게 떨어진다. 하지만 다행히도 할 수 있다는 '확신'이 생기게 하는 2가지 방법이 있다.

하나는 혼잣말을 하는 것이다(확언이라고도 한다). 혼잣말의 내용에는 자신과 자신의 능력에 관한 긍정적인 말이 포함된다. 대부분의 사람들은 자신에 대해 흔히 다음과 같은 부정적인 말을 한다.

"나는 기억력이 나빠."

또는

"저건 못 외우겠어."

또는

"저건 너무 어려워서 못 배우겠어."

이런 말은 기억력이 나쁘다는 믿음을 더욱 강화한다. 그러므로 기억력을 개선하려면 부정적인 말 대신 다음과 같은 말을 해야 한다.

"난 기억력이 끝내줘."
또는
"나는 항상 만나는 사람들 모두의 이름을 기억해."
또는
"새로운 걸 배우고 기억하는 게 어렵지 않고 재밌어."

이러한 말을 반복할수록 자신의 기억력에 대한 믿음이 더 커질 것이다.

두 번째로 성공에 대한 믿음을 강화하는 효과적인 방법은, 훌륭한 기억력을 발휘하면 어떤 기분이 들지 한 편의 영화처럼 상상해보는 것이다. '기억력이 완벽해진 상황'을 아주 자세하게 보고, 듣고, 느껴보자. 그리고 원하던 기억력을 갖게 된 자신의 모습을 생생하게 상상해보자. 큰 대회를 앞둔 세계 최고의 선수들이 집중력을 잃지 않기 위해 성공적인 결과를 상상해보는 과정을 '심리적 연습'이라고 한다.

4단계 - 행동에 옮긴다

이제 2단계에서 세운 계획을 단계별로 실천해보자. 목표를 달성할 때까지 목록에 있는 모든 항목을 멈추지 말고 실천한다. 계획을 처음부터 끝까지 수행하면서, 이런 행동이 목표에 다가가는 데 도움이 되고 있는지 확인한다. 그렇지 않다면 원하는 목표를 더욱 빨리 달성할 수 있도록 계획을 수정하고 다시 작성해도 좋다. 4단계에서 가장 중요한 것은 목표에 이를 때까지 멈추지 않고 계획을 행동에 옮기는 것이다.

5단계 - 긍정적인 태도를 유지한다

살다 보면 목표를 향해 가는 도중에 뜻하지 않은 걸림돌에 부딪히곤 한다. 하지만 그에 대처할 방법을 스스로 선택할 수 있다. 상황이 뜻대로 되지 않을 때 부정적인 감정이 자라게 놔두면 스트레스가 생긴다. 그러면 기분도 부정적인 영향을 받는다. 부정적인 감정은 기억력을 좋게 하는 데 극복해야 할 걸림돌이다. 삶에 대한 긍정적인 자세로 사건이나 환경에 반응하면 정신적 자원이 풍부해진다. 그러면 그 힘으로 문제를 피하지 않고 맞서 해결할 수 있다(그리고 그편이 훨씬 더 재미있기도 하다).

다음은 위의 단순한 5가지 단계를 적용하기 위한 몇 가지 연습이다.

- 기억력에 대해 세운 목표를 모두 떠올리고 적어보자. 그러면 목표 하나하나에 대해 원하는 바가 무엇인지, 또 언제까지 이룰 것인지 정확하게 알 수 있다.
- 그중 가장 중요한 목표를 선택하고 계획을 짠다.
- 가장 중요한 목표를 달성하는 5가지 긍정적인 말을 카드 한 장에 적어두고, 기회가 될 때마다 반복해서 되뇐다.
- 상상력과 모든 감각을 동원하여 목표를 이루는 장면을 시각화한다. 이미 달성한 것처럼 바라보자.
- 할 일 목록에 있는 첫 번째 항목을 시작하면서 목표를 향해 첫발을 내디딘다.

기억력 증진 기법에 대해 더 깊게 알아보기 전에, 우선 기억력과 기억을 소환하는 능력에 크게 영향을 미치는 생활 방식 중 쉽게 실천할 수 있는 것이 무엇인지 살펴보자.

이 장에서는 기억이 제 기능을 하는 데 가장 큰 문제가 되는 스트레스에 대해 알아보고 어떻게 극복할지 살펴볼 것이다. 또한 기억력을 증진하는 데 좋은 음식을 소개하고, 운동과 단순하고 상식적인 수준의 식단으로 기억력을 신장시키는 방법에 대해서도 알려줄 것이다. 그리고 필요한 것을 곧바로 떠올릴 수 있게 하는 몇 가지 실용적인 단계를 배워볼 것이다.

2
천천히 몸풀기

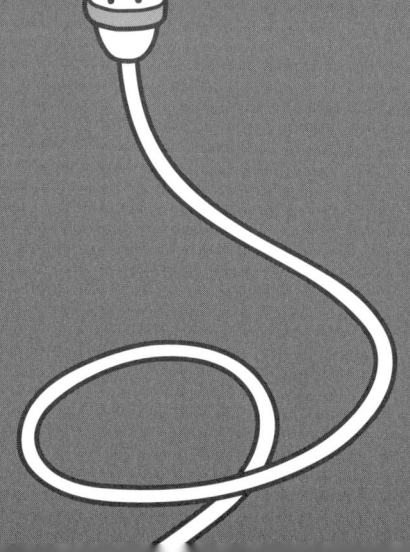

스트레스 관리로 기억력 높이기

스트레스는 생각하는 방식, 특히 기억에 영향을 미친다. 스트레스의 영향을 최소화하면 몸과 마음은 기억력을 최고조로 끌어올릴 수 있는 좋은 상태가 된다.

스트레스가 기억력에 미치는 영향

인간은 진화를 거듭하면서 위험한 상황에서 살아남는 데 효과적인 보호 체계와 생존 장치를 만들었다. 이것을 투쟁-도피 기제라고 한다.

위험스러운 상황에 부딪히면 위험에 대항하거나(투쟁) 도망친다(도피). 어떤 선택을 하든 숨이 가빠지고 아드레날린이 분비되며 근육이 긴장되고 불필요한 신체 기관이 활동을 멈춘다.

다행히도 오늘날에는 투쟁하거나 도피해야 하는 상황이 거의 없다. 하지만 여전히 개인적인 삶이나 직장 생활에서 여러 가지 공격을 받으며, 이것은 위협으로 인식될 수 있다. 그래서 몸은 여전히 같은 방식으로 반응하며, 이것이 스트레스를 만드는 것이다.

스트레스는 두 가지 측면에서 기억력에 영향을 준다. 첫째, 스트레스는 뇌의 장기 기억을 담당하는 영역의 활동을 멈춘다. 압박이 심한 상황에서 정보를 생각해내기 힘든 것은 이 때문이다. 둘째, 스트레스로 생성된 화학물질이 뇌에 오래 남아 있으면 독성 물질을 배출하여 뇌세포를 파괴하는데, 이때 기억과 관련된 뇌세포가 손상된다.

긴장 푸는 법 배우기

스트레스를 관리하고 기억력을 좋게 하려면 긴장을 푸는 법을 알아야 한다. 다음에 소개하는 몇 가지 운동을 해보고, 어떤 운동이 가장 잘 맞는지 알아보자. 방해받지 않고 조용한 장소에서 해보자.

- 몸을 똑바로 한 다음, 의식적으로 머리부터 발까지 모든 근육의 긴장을 하나씩 푼다.
- 상상력을 동원하여 아무도 없는 열대 지방의 해변이나 한적한 초원 같은 평화로운 곳에 있는 자신의 모습을 그려본다. 그리고 몸에서 스트레스와 긴장이 빠져나가고 있다고 상상한다.
- 1분간 호흡수를 세면서 천천히 숨을 쉰다. 다음 1분 동안 호흡수를 절반으로 줄이는 것을 목표로 한다. 호흡이 느려지고 깊어질 때까지 계속 반복한다.
- 근육의 긴장을 모두 풀고 천천히 숨을 쉬면서 명상에 빠진다. 이때 호흡을 세는 것 말고는 아무 생각도 하지 않는다.

"고요한 마음에 전 우주가 무릎을 꿇는다."

- 노자(기원전 6세기)

운동으로 기억력 높이기

건강한 정신은 건강한 신체를 통해 유지된다. 그리고 즐겁게 운동을 하고 나면 머리도 맑아지고 기분도 좋아진다. 또한 운동은 기억력 개선에도 도움이 된다. 그러므로 운동은 기억력을 높이는 과정에서 중요한 부분을 차지한다.

운동은 스트레스를 퇴치하는 데 도움을 준다

규칙적인 운동은 2가지 면에서 스트레스의 영향을 이겨내도록 도와준다. 첫 번째로 운동은 스트레스로 인해 생성되어 뇌에 손상을 줄 수 있는 투쟁-도피 화학물질을 몸 밖으로 배출하는 데 도움이 된다. 두 번째로 운동은 몸과 마음이 피로에 덜 민감하게 해준다. 그러면 몸과 마음이 스트레스를 더 효과적으로 처리할 수 있게 된다.

내게 맞는 운동을 한다

스트레스를 물리치고 기억력을 좋게 해주는 것이 유산소 운동인데, 심장 박동수는 최고치의 70~85% 정도여야 한다(자신에게 적절한 수치가 어느 정도인지는 의사에게 문의하라). 운동으로 최대의 효과를 보려면 최소 1주일에 3번, 가능하다면 5번, 30분간 운동해야 한다. 그리고 운동할 때는 10분 정도 준비운동과 정리운동을 하고, 앞서 말한 최고치의 70~85% 수준의 심장 박동수를 유지해야 한다.

> **운동은 정말로 효과가 있다!**
> 운동이 노화에 미치는 영향을 연구한 것을 살펴보면, 운동을 하면 전반적으로 지적 수행 능력이 높아진다. 그중에서도 기억력이 좋아지는 것으로 나타났다. 또한 학문적 성과를 이루는 데 운동이 미치는 효과에 관한 추가 연구에서는 성취도가 높은 학생의 80% 이상이 최소 1주일에 3회는 운동을 하는 것으로 나타났다. 그리고 체력이 좋은 학생이 실패할 확률은 그렇지 않은 학생의 50%였다.

빠르게 걷기는 훌륭한 유산소 운동이다. 직장인이라면 점심시간을 이용하여 빠른 걸음으로 30분 동안 걷는 식으로, 시간 날 때마다 걷자. 또한 달리기나 수영, 자전거 타기, 댄스도 이상적인 유산소 운동이다.

유산소 운동은 왜 기억력을 좋게 할까?

유산소 운동을 하면 심장과 혈관, 폐가 단련되고 덤으로 기억력까지 좋아진다. 유산소 운동은 신체의 산소 요구량을 증가시킨다. 결과적으로 심장과 폐가 평소보다 더 열심히 일하게 된다.

유산소 운동을 하면서 호흡이 가빠지면 더 많은 산소가 몸에 유입된다. 그 결과 심장 박동수가 빨라지고, 그러면 산소가 풍부한 피가 몸의 순환계의 구석구석까지 공급된다.

몸에서 피의 20~40%는 뇌로 흘러간다. 뇌는 산소가 많아야 활발하게 움직이므로 혈류량이 증가하면 뇌의 활동이 왕성해진다.

천천히 시작하기

운동 프로그램을 시작하기에 앞서, 자신의 건강 상태에 가장 적합한 운동과 시작하기 전에 해결해야 할 문제에 대해 먼저 의사와 상의해야 한다. 너무 서두르지 말고 천천히 하자. 차근차근

주 3회, 30분간 운동하는 습관을 들인다.

여러 가지 운동을 시도해본 후, 가장 마음에 드는 운동을 찾아본다. 계속 하고 싶은 운동이 있을 것이다. 그리고 운동을 함께 하면서 계속해야겠다는 마음이 들게 하는 친구도 도움이 된다.

잘 먹어야 기억력이 좋아진다

지적 능력, 특히 기억력은 먹을거리의 영향을 받는다. 좋은 음식을 섭취하면 기억력을 향상시킬 수 있다는 뜻이다.

좋은 음식의 기본

기억력을 높이는 식이요법의 기본은 균형 잡히고 건강한 식단이다. 지방과 염분, 당분은 적고, 식이섬유는 많은 식단을 말한다. 하루에 적어도 5가지의 과일과 채소를 먹어야 한다. 유용한 원칙은 얼마나 '싱싱하고 신선한지' 확인하는 것이다.

몸속에 수분을 충분히 유지하는 것 또한 중요한데, 뇌의 80%가 수분으로 되어 있기 때문이다. 탈수로 수분이 부족해지면 뇌의 활동도 저하된다.

식단 개선하기

최적의 식단으로 기억력 개선 프로그램의 효과를 높이려면, 다음과 같은 조언을 따른다.

- 일주일간 음식 일기를 적어 자신이 무엇을 먹고 마시는지 확인한다.
- 건강한 식단으로 바꾸려면 지금의 식단을 어떻게 조정해야 할지 의사나 영양사에게 조언을 구한다.
- 샐러드나 과일과 같이 수분이 풍부한 음식을 많이 먹고, 물을 하루에 8잔 이상 마신다.
- 식사는 규칙적으로 하고, 호밀 빵이나 파스타, 현미, 통곡물로 된 시리얼과 귀리죽처럼 에너지를 '천천히 태우는' 음식으로 에너지 수준을 유지한다.
- 소금과 설탕의 섭취를 줄인다. 달고 짠 음식은 매우 편리하지만 '쓰레기 같은' 음식이다. 재료의 성분을 꼼꼼하게 확인하자.

기억력에 도움이 되는 음식

기억력에 특히 도움이 되는 음식이 있다. 항산화 물질과 비타민 B, 오메가3 지방산이다.

보충제 섭취로 기억력 끌어올리기

예로부터 중국의 약초의는 은행나무(Ginkgo biloba)를 여러 가지 치료약에 사용해왔다. 과학적 연구에서도 은행 추출물이 뇌의 혈액 순환을 촉진하여 단기 기억력을 개선한다는 사실을 밝혀냈다.

항산화 물질	비타민 B군	오메가3 지방산
알팔파 싹	유제품	청어
장과류	기름기 없는 고기 및 가금류	고등어
브로콜리	콩	연어
감귤류	견과류 및 씨앗류	정어리
크랜베리	맥아	송어
포도		참치(생참치가 캔에 든 것보다 더 많이 농축되어 있음)
케일		
망고 및 파파야		
시금치		
토마토		

인삼은 스트레스로 인해 뇌에 생성된 활성 산소를 없애고 과도한 독성 물질을 중화시키는 데 도움이 된다.

기억을 되살려주는 것

이 책을 읽다 보면 자신이 지닌 지적 능력만으로도 놀랄 만큼 강력한 기억력과 곧바로 기억해내는 능력을 발전시킬 수 있을 것이다. 하지만 다양한 영역의 정보를 기억하는 데 도움이 되는 '인위적인' 방법도 있다는 사실을 염두에 두자.

외부 저장소 및 알림 시스템

때맞춰서 해야 할 일을 생각나게 할 뿐 아니라, 필요할 때면 언제든 소환할 수 있게끔 정보를 저장하는 여러 가지 실용적인 방법이 있다. 다음은 그중 몇 가지다.

- 휴대전화의 앱에 입력한다. 그리고 중요한 약속이나 특정

시간에 해야 할 일을 알려주는 알람을 설정한다.
- 냉장고를 일정을 알려주는 칠판으로 활용한다. 커다란 종이에 할 일의 목록을 큰 글씨로 쓰고, 매일 볼 수 있도록 냉장고에 붙여둔다.
- 일기를 쓴다. 자신에게 일어났던 중요한 일, 그에 대한 느낌을 모두 기록하며 하루를 되돌아본다. 일기는 자신만 본다는 점을 기억하자. 그러니 솔직하게 생각과 감정을 기록하자. 몇 달 또는 몇 년 후에 일기를 읽으면 과거가 생각나면서 그와 관련된 기억이 모두 되살아날 것이다.
- 달력을 이용한다. 생일이나 기념일처럼 중요한 날이나 카드나 선물을 사야 할 때를 표시해둔다.
- 컴퓨터에 알림이를 띄워둔다. 컴퓨터를 매일 사용하는 경우, 해야 할 일을 종이에 적어 화면에 붙여두면 로그인할 때 볼 수 있다. 혹은 컴퓨터에 있는 알림 소프트웨어를 사용한다.
- 어린아이가 있는 집이라면 아이들을 활용해도 좋다. 아이들에게 당신이 할 일을 알려주게 하고, 그 대가로 아이스크림이나 용돈 같은 작은 보상을 준다.

이러한 방법이 타고난 기억력에 의존하는 것이 아니라서 반칙처럼 느껴질 수도 있다. 하지만 기억력은 정보를 머릿속 사고의 영역에서 실재하는 바깥 세계로 꺼낼 때 몰라보게 좋아진다. 정보를 적거나 전자 기기에 입력하면 그것을 보고, 느끼고, 어떤 경우에는 듣게(정보를 큰 소리로 말하는 경우) 된다. 이런 모든 행위를 통해 정보는 훨씬 더 기억에 잘 남는다.

    기억을 되살리는 데 도움이 되는 방법들을 사용해보자. 아니면 직접 기억을 돕기 위해 사용할 수 있는 기기나 방법을 생각해내자.

"아무리 흐린 글씨라도 좋은 기억보다 낫다."

- 중국 속담

어디에 뒀더라?

많은 사람이 나이가 들면서 자꾸 열쇠를 잃어버리거나, 지갑을 어딘가에 두고 못 찾거나, 심지어 차를 어디에 주차했는지 잊어버린다는 이유로 기억력이 점점 나빠지고 있다며 슬퍼한다! 그들은 자꾸 깜박깜박하는 것이 기억을 못하기 때문이라고 여긴다. 하지만 사실은 그렇지 않다. 몇 가지 간단한 기법만 익혀도 주차한 곳을 까먹지도, 열쇠나 지갑을 아무 데나 두지도 않을 것이다.

 의식과 무의식

사람은 의식과 무의식이라는 2가지 차원으로 생각한다.

당신의 의식은 지금 이 페이지를 읽는 데 집중하고 있다. 이

부분은 현재 처해 있는 세계와 그 주변에서 일어나고 있는 일에 집중하면서 의식적으로 생각하는 곳이다.

무의식의 세계는 의식의 세계에서 신경 쓰지 못하는 모든 것을 다루는데, 이 부분이 훨씬 넓은 범위를 차지한다. 예를 들어 지금 당신의 무의식은 왼발이 느끼는 신체 감각을 처리하고 있다. 하지만 내가 이 이야기를 하기 전까지는 그것을 의식하지 못하고 있었다.

무의식의 힘은 엄청나다. 특히 안경을 벗거나 집이나 자동차 열쇠를 내려놓는 것처럼 자주 하는 행동을 할 때, 무의식은 '자동 조종 장치' 상태인 것처럼 우리를 움직이게 한다. 그래서 자신이 무엇을 하고 있는지 생각할 필요가 없다.

왜 열쇠를 어디에 두었는지 '까먹는가'

물건을 아무 데나 두는(그리고는 기억력을 탓하는) 이유는 간단하다. 그 물건을 내려놓을 때 '자동 조종 장치'처럼 행동하기 때문에 그것을 의식하지 못한다. 자신이 하는 행동에 집중하지 않는 것이다. 그 결과 '당신'은 '거기'에 없었고, 그 때문에 열쇠를 어디에 두었는지 기억할 수 없다. 무의식은 열쇠가 있는 곳을 알고 있다. 하지만 사람은 의식의 세계를 통해 주변 세상과 만나기 때문에, 열쇠는 잃어버린 것이나 마찬가지다. 이러한 일은 나이가 들면서 더 빈번하게 일어나는데, 그럴 수밖에 없다. 기억력이 쇠퇴해서가 아니라, 더 많은 기억과 연상이 축적되기 때문이다. 그 결과, 의식은 주의가 흐트러지는 일이 더욱 잦아지고, 하는 일, 특히 일상적인 행위에 집중하기가 더 힘들어진다.

 해결책은 간단하다

    지갑이나 열쇠, 자동차와 같은 물건을 둔 장소를 기억하려면 그것을 의식의 세계로 가져와야 한다. 가장 쉬운 방법은 어떤 물건을 내려놓고 있는지, 또는 그것을 어디에 두고 있는지 큰 소리로 말하는 것이다. 예를 들어 "지금 열쇠를 전자레인지 위에 두고 있어"라든가 "지금 차를 A구역 7층에 주차하는 중이야"라고 말한다. 다른 사람들이 황당해하는 표정을 보기가 민망하다면 차 안에서 말하고 내리면 된다!

    어디다 물건을 두었는지 자신에게 큰 소리로 설명하는 연습을 해보자. 집이든 바깥이든, 습관이 몸에 밸 때까지 한다.

그러고 보니 생각난다

친구나 동료에게 중요한 말을 할 참이었거나, 사무실에서 특별한 업무를 해야 하는데 까먹는 바람에 정말 곤란해질 때가 있을 것이다. 이때 필요한 것은 때맞춰서 할 일이 생각나게끔 하는 방법이다.

 할 일을 까먹는 이유

때맞춰서 할 일이 생각나지 않는 3가지 이유는 다음과 같다.

- 나중에 할 일이 생각났을 때, 그 생각은 의식에 머무르지 않고 순식간에 빠져나간다. 그래서 필요할 때 할 일이 의식에 '다시 나타날' 만큼 충분히 생각할 수 없다.

- 기억이 깜박깜박하는 것은 무언가를 습관적으로, 또는 규칙적으로(동료나 친구와 시간을 보내거나 출근하는 것처럼) 할 때 주로 발생한다. 이때 '무의식적인' 상태로 전환되어 있기 때문에 새로운 생각이 기억에 자리 잡을 기회가 없다.
- 제때 할 일이 떠오를 만큼 강력한 알림 메커니즘을 만들어 두지 못했다.

번쩍이는 불빛과 요란한 음악으로 치장한 커다란 광고판에 마법처럼 대문짝만 한 글씨가 나타나 할 일을 알려주어 이 문제를 해결해준다면 얼마나 좋을까? 실제로는 그런 광고판을 만들 수 없지만, 머릿속으로는 만들 수 있다. 먼저 고착화와 트리거에 대해 알아보자.

트리거, 고착화 그리고 파블로프의 개

지난 세기 초, 러시아의 과학자 이반 파블로프는 개를 대상으로 유명한 실험을 했는데, 종소리가 나면 먹이를 연상하도록 개를 길들인 것이었다. 개는 원래 먹이를 먹을 때 음식을 보면 침을 흘린다. 그런데 파블로프는 음식 없이 종소리만으로도 침을 흘리게 할 수 있다는 사실을 알아냈다. 개의 기억에 음식과 종소리의 연결(조건반사로 일어난)이 고착화된 것이다. 그래서 종이 울리면 음식 없이도 침을 흘리는 반응을 불러일으킨다.

트리거와 고착화는 인간에게도 적용된다. 여러 해에 걸쳐 특정한 트리거에 특정한 방식으로 반응하도록 고착화되었기 때문이다. 예를 들어, 운전할 때 빨간 불을 보면 반사적으로 브레이크를 밟는다. 그리고 새로운 사람을 만났을 때 상대방이 악수를 청하며 손을 내밀면, 생각할 틈도 없이 손을 잡는다.

지식 적용하기

그러면 항상 특정한 때와 상황에 해야 할 일이 생각나게 하는데 이 지식을 적용하려면 어떻게 해야 할까? 아주 간단하다. 기억에 고착화되어 특정한 일이나 사건에 의해 자동으로 촉발되는 시각적 알리미를 만들면 된다.

트리거	고착화된 행동
빨간 불	차를 세운다
악수를 청한다	손을 잡고 흔든다

강력한 자동 알림이 만들기

여행을 떠날 예정이라 친구인 철수를 만나면 자신을 몇 주 후에 공항에 데려다줄 수 있는지 물어봐야 한다고 상상해보자. 그러려면 알림(REMIND) 과정을 따르면 된다.

점검(Review): 머릿속으로 해야 할 일을 점검하고, 필요할 때 그 일을 하고 있는 자신의 모습을 상상해본다. 이렇게 행동을 시각화하면 성공을 기대할 수 있는 조건이 된다. 따라서 다음에 철수를 만났을 때 공항에 데려다 달라고 부탁하는 자신의 모습을 상상하는 것이다.

과장(Exaggerate): 트리거가 되는 사건(철수와 만나는 것)의 장면을 부풀려서 해야 할 일과 관련 있는 것과 결합한다. 기계로 된 황소처럼 움직이는 비행기에 다리를 쩍 벌리고 올라탄 친구를 상상할 수도 있다. 이미지가 이상하고 특이할수록 좋다. 이것이 바로 고착화된 반응이다.

극대화(Maximize): 모든 감각과 35~37쪽의 효과적인 기억 시각화 원리를 동원하여 이미지를 회상하는 능력을 최대로 끌어올린다.

정착(Install): 철수를 생각할 때마다 비행기에 다리를 쩍 벌리고 올라탄 모습이 떠오르도록 머릿속으로 연상을 반복하여, 고착화된 반응과 트리거 간의 연결이 확실히 정착되도록 한다.

확인(Note): 잠시 다른 생각을 한 다음, 다시 철수를 생각하면서 트리거가 잘 작동하는지 살핀다. 철수와 비행기가 먼저 떠오르면 트리거가 제대로 작동하는 것이고, 그렇지 않으면 연습하거나 더 강력한 트리거를 찾아본다.

심화(Deepen): 이 과정이 효과가 있을 거라고 믿고 트리거(철수)를 만나면 무의식의 자신을 일깨워 할 일이 생각날 거라고 확신함으로써 이 과정의 힘을 심화시킨다.

나중에 철수를 만나면 곧바로 비행기에 다리를 쩍 벌리고 올라탄 그의 모습이 떠올라 공항에 데려다 달라고 부탁하게 될 것이다. 자신만의 기억의 광고판을 만들어낸 것이다!

직접 해보자

- 이 과정을 좀 더 확실히 이해하려면, 이 책으로 도움을 받을 만한 사람을 떠올리고 그들에게 배운 내용을 알려준다는 알림이를 만들어보자.
- 직장 업무나 가정에서 필요한 일에 알림 과정을 적용해보자.

- 단단히 고착화된 트리거가 얼마나 강력하고 오래 지속되는지 확신하고 싶다면, 10대 때 듣던 노래를 들으면서 어떤 기억이 떠오르는지 살펴보라.

이제는 길 찾기부터 철자에 이르는 다양한 종류의 정보를 외우고 기억해내기 위해 기본적이고 따라 하기 쉬운 여러 가지 전략을 알아보자.

사람을 만난 지 2분 만에 이름을 잊어버린 적이 있다면 거기에는 이유가 있다. 이 장에서는 그 이유가 무엇이며, 어떻게 해결할지 살펴볼 것이다. 그리고 신용카드와 체크카드의 비밀번호를 외우는 방법, 적을 수 없는데 섬광처럼 떠오른 영감을 절대 잊어버리지 않도록 붙잡는 방법을 배울 것이다. 또한 쇼핑 목록 없이 필요한 물건을 빼놓지 않고 장을 보는 법과 어려운 단어의 철자를 올바르게 쓰는 것뿐 아니라 길을 기억하는 확실한 방법도 알게 될 것이다.

3
위대한 암기술

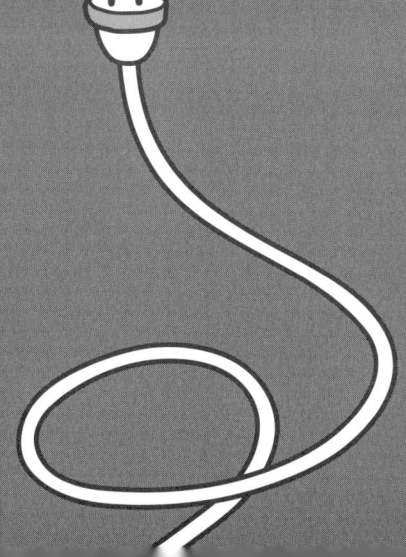

이름 기억하기 – 사교적 기법

기억력과 관련되어 사람들이 많이 겪는 문제 중 하나는 이름을 외우기 어렵다는 것이다. 그래서 자신의 기억력이 형편없다고 생각하기 일쑤다. 하지만 대부분의 사람은 기억력이 좋다. 단지 새로 만난 사람의 이름을 효과적으로 처리하는 과정을 거치지 않았을 뿐이다.

왜 이름을 기억하는 것이 어려울까?

만약 듣지도 않은 것을 기억해보라고 하면, 아마 미쳤다고 생각할 것이다. 어떻게 있지도 않은 기억을 꺼내보라고 할 수 있나?

이상하게 들리겠지만, 이것이 바로 사람들이 이름을 기억하는 데 어려움을 겪는 이유다. 사람들이 이름을 기억하지 못하는 이유는 애초에 이름을 머리에 입력하지 않았기 때문이다.

대부분의 사람에게 새로운 사람을 만나는 일은 스트레스다. 좋은 인상을 줘야 한다는 압박감이 들고, 거절당할지도 몰라 불안하고, 머릿속으로 할 말을 미리 생각하면서, 여럿을 만날 때는 빠른 속도로 만남이 이어지고, 머릿속은 여러 가지 다른 일로 복잡하다. 이런 상황에서 다른 사람의 이름이 정신적 '잡음'을 뚫고 기억 속에 자리 잡기는 쉽지 않다.

 기억의 비밀

다른 사람의 이름을 외우는 능력을 획기적으로 개선하기 위해서는 자기 소개 과정에서 이름을 확실히 입력하고 바로 외워 버려야 한다. 다음의 과정을 사교 모임이나 업무 상황에서 활용해보자.

 단계별로 이름 외우기

1단계 - 마음의 준비를 한다

새로운 사람을 만나면 그 사람에 대해서 무언가 알게 되므로,

그 사람의 얼굴을 보고 이름을 들을 준비를 해야 한다.

2단계 - 악수를 한다

악수하고 인사하면서 상대방에게 집중한다. 이런 식으로 만남을 시작하면 전체 과정을 통제할 수 있어서 이름이 더 잘 외워질 것이다.

3단계 - 자신의 이름을 천천히, 명확하게 말한다

그러면 상대방이 당신의 이름을 입력하는 데 도움이 될 것이다. 게다가 그들도 당신과 같은 방식으로 따라 말할 것이다. 그러면 상대방의 이름을 듣고 외우기가 쉽다.

4단계 - 집중한다

상대방이 이름을 알려줄 때, 그의 얼굴을 바라보고 주의 깊게 듣는다.

5단계 - 상대방의 이름을 다시 말한다

듣는 즉시 다시 이름을 말하면, 이름이 각인되어 나중에 떠올리기 쉽다.

6단계 - 제대로 들었는가?

이름을 어떻게 발음하는지 확인하고, 필요하면 철자도 물어본다. 이런 식으로 이름이 기억에 단단히 새겨지는, 반복이라는 절묘한 과정이 시작되는 것이다.

7단계 - 이름에 관해 물어본다

특히 흔하지 않은 이름일 경우에 기억하는 데 더욱 도움이 되는 반복 과정을 계속하게 된다. 이는 또한 상대방에게 관심을 나타내는 것이기도 하다. 그러므로 감정적으로 더 많이 연결되어 이름을 기억하는 데 도움이 된다.

8단계 - 이름을 외운다

할 수 있을 때마다 이름을 머릿속으로 되뇐다. 방을 둘러보며 만난 사람들을 쳐다보고 조용히 이름을 불러보면서 확실히 외웠는지 확인한다.

9단계 - 이름을 불러본다

적당한 기회를 봐서 이름을 불러본다. 특히 이야기할 때가 좋다. 예를 들어, "서영 씨, 이거 어떻게 생각해요?"라든가, "아주 흥미로운 관점인데요, 김민준 선생님", "조승완 과장님, 저 잔 좀 주세요"라고 말할 수 있다.

10단계 - 명함을 주고받는다

모임이 끝나고 작별 인사를 할 때, 가능하면 명함을 주고받는다. 그러면 마지막으로 이름을 한 번 더 사용할 기회가 생긴다. 그뿐만 아니라 명함을 받으면서 이름을 보게 되므로 외우는 데 도움이 된다.

이 과정을 거치지 않으면 처음 만난 사람과 한두 번 정신없이 악수만 할 뿐 이름을 기억하기는 힘들다. 게다가 한꺼번에 서너 명 이상 만나면, 이름을 전부 외우기는 매우 어려울 것이다.

계속 연습하기

연습을 계속하다 보면 소개하는 데 사람마다 15~20초 정도 걸릴 것이다. 이 시간이면 충분히 이름을 듣고 몇 번 반복하면서 상대방과 더 강한 유대를 쌓을 수 있다. 그렇게 하면 이름이 더 기억에 잘 남을 것이다.

다음 주에는 이름을 알고 있는 사람이 몇 명인지 생각해보자. 그러면 당신이 이미 이름을 외울 수 있는 능력을 갖추고 있다는 것을 알게 될 것이다.

그리고 일주일간 소개받은 사람이 몇 명인지 확인하고 기존의 방식으로 이름을 얼마나 잘 외울 수 있는지 알아보자.

    10단계의 소개 과정에 익숙해지기 전까지는 친구나 가족을 상대로 연습한다. 그런 다음 처음 만나는 사람에게 활용해보자. 정말로 이름을 잘 외우고 싶다면 한 명씩 대상을 늘려가면서 이 과정을 실행해보자.

사실 기억하기 – 기억술의 마법

널리 알려진 사실은 누군가가 그것을 외우는 단순하고 현명한 방법을 이미 만들어놓았을 것이다. 그러한 방법을 기억술이라고 하는데, 기억술은 기억이 떠오르게 하는 데 언어를 사용한다. 수많은 기억술이 여러 세대를 거쳐 전해지고 있다.

첫 글자로 외우기—두문법

정보를 기억하는 데 가장 흔하고, 특히 데이터에 순서가 정해진 경우에 사용되는 방법은 단어의 첫 글자를 따서 순서대로 외우는 것이다. 무지개색을 외울 때 각 색깔의 첫 자를 따서 빨주노초파남보로 외우는 것이 그런 방법이다. 영어의 경우에는 Red, Orange, Yellow, Green, Blue, Indigo, Violet의 첫 글자를 따면 ROYGBIV가 된다. 많은 사람들이 로이 지 비브(ROY G BIV)라고도 한다. 또는 다음과 같이 문장을 만들어 외우기도 한다.

> Richard Of York Gave Battle In Vain(요크의 리처드는 헛되이 전투를 치렀다)

첫 글자만 외우든 문장을 만들어 외우든, 모두 무지개색을 순서대로 외우는 방법이다.

수학을 배우는 학생들이 전부터 사용하고 있는 또 다른 기억술로, 직각삼각형에서 한 예각의 빗변과 대변, 접변 간의 비를 나타내는 사인(Sine), 코사인(Cosine), 탄젠트(Tangent)라는 삼각함수를 외우는 방법이 있다.

> Sine = Opposite/Hypotenuse(대변/빗변)
> Cosine = Adjacent/Hypotenuse(접변/빗변)
> Tangent = Opposite/Adjacent(대변/접변)

삼각함수를 외우려면 SOH CAH TOA로 외우거나 다음과 같은 문장을 활용할 수 있다.

Some Old Hag Caught a Hare Trying Out Artichokes.
(어떤 늙은 할머니가 아티초크를 캐려다 토끼를 잡았다)

많은 어린이들이 태양계의 행성을 태양에서 가까운 순서대로 외울 때도 첫 글자를 따서 외우는 기억법을 이용한다.

Mercury, Venus, Earth, Mars, Jupiter, Saturn, Uranus, Neptune 그리고 예전에 태양계 행성이었던 Pluto를 첫 글자를 따서 다음 문장으로 외운다.

My Very Easy Method Just Speeds Up Naming Planets(행성의 이름을 짓는 속도를 높이는 아주 쉬운 방법)

한국의 경우, 수성, 금성, 지구, 화성, 목성, 토성, 천왕성, 해왕성, 명왕성(지금은 태양계 행성이 아님)을 수금지화목토천해명이라고 외운다.

첫 글자를 이용하는 또 다른 예는 오대호에 속하는 호수의 이름 첫 자를 딴 HOMES를 이용하여 호수 이름을 떠올리는 것이다.

Huron Ontario Michigan Erie Superior

여러 가지 기억법

어떤 경우에는 같은 내용을 여러 가지 방식으로 외울 수 있다. 예를 들어, 해군은 port가 Left, Starboard가 Right라는 사실을 알아야 한다. 이것을 외우는 데는 다음 3가지 방법이 있다.

- PORT와 LEFT에는 글자가 똑같이 4개 들어간다.
- 혹은 "There"s no PORT LEFT in the bottle because the sailors have drunk it all(선원들이 모두 마셔버려서 병에 포트와인이 남아 있지 않다)"이라는 문장을 기억한다.
- 또는 첫 글자의 알파벳 순서에 주목한다. Left가 Right보다 앞에 나오듯, Port도 Starboard 앞에 나온다.
- 바닷가에 있는 동굴에 가면 동굴 천정에서 아래쪽으로 자라난 돌과 바닥에서 위로 향해 자란 돌을 볼 수 있다. 이들을 stalactites와 stalagmites라 하는데, 어떻게 외울 수 있을까?
  STALAGMITE = GROUND   STALACTITE = CEILING
- 또는 Stalagmites rise from the ground and stalactites drop from the ceiling(석순은 땅에서 솟아오르고 종유석은 천장에서 떨어진다)이라고 외운다.

"기억력이 좋지 않은 사람은 거짓말을 해서는 안 된다."

- 미셸 드 몽테뉴(1533~1592)

압운과 말장난

시와 압운도 유용한 사실을 기억해내는 데 도움이 된다. 콜럼버스가 아메리카대륙에 도착한 해를 기억하는 데는 다음과 같이 오래된 방법이 있다.

'Columbus Sailed The Ocean Blue In Fourteen Hundred And Ninety Two
(콜럼버스는 푸른 바다를 1400년하고도 92년간 항해했다)'

말장난을 사용하는 것도 좋다. 서머타임이 되면 많은 사람이 시계를 앞으로 돌려야 할지, 뒤로 돌려야 할지 혼란스러워한다. 그럴 땐 다음과 같이 기억할 수 있다.

Spring Forward, Fall Back
(봄에는 앞으로, 가을엔 뒤로)

자신만의 기억법 만들기

생소하거나 잘 알려지지 않은 정보를 만나면 자신만의 기억법을 만들어내야 할 수도 있다. 첫 글자로 외우는 방법이 아무리 쓸모가 많아도, 모든 문제를 이 방법으로 해결할 수는 없다. 그럴 땐 다음의 기법을 시도해보자.

적당한 질문을 던지기

상황에 맞는 질문은 긍정적이고 생산적인 사고를 유도하는 데 매우 효과적인 수단이다. 89쪽에 나올 질문은 기억을 자극하여 강력한 기억법을 만들어낼 수 있도록 설계되었다. 새로운 사실을 배울 때 재빨리 이런 질문을 던져보자. 그러면 정보를 기억하는 데 도움이 되는 아이디어가 떠오를 것이다.

기억 확인하기

외워야 할 것이 무엇이든 적절한 기억법을 통해 익히고 나면, 잠시 시간이 흐른 후에도 기억이 나는지 확인하는 게 좋은 기억법 원리다. 20분 정도 다른 생각을 한 다음, 다시 외웠던 정보로 돌아와 정말로 알고 있는지 확인해보자.

기억이 완전하지 않거나 전부 외우기가 어려울 것 같다면, 기억법을 사용하여 더 확실하게 외운 다음 다시 떠올려보자.

"젊은 시절, 나는 실제 일어난 일이든 아니든,
모든 일을 기억할 수 있었다."

- 마크 트웨인(1835~1910)

해야 할 질문

첫인상

- 이 새로운 사실에 누가 봐도 명백한 것이 있는가? 이 사실은 무엇을 생각나게 하는가?
- 내가 아는 것 중 이와 비슷해 보이는 것은 무엇인가? 혹은 비슷하게 들리는 것은 무엇인가?
- 주요 사항을 요약할 수 있는 핵심 단어는 무엇인가?

정보를 조작하기

- 이 정보를 처리하기 쉽게, 작은 단위로 나눌 수 있는가?
- 이 정보를 충격적이거나 특이하게 만들 수 있는가?
- 이 정보를 과장할 수 있는가?
- 이 정보에 색깔을 입히거나 재밌게 만들 수 있는가?
- 이 정보를 그림으로 나타낼 수 있는가?
- 단어들을 축약할 수 있는가?
- 단어의 글자들로 하나의 단어를 만들 수 있는가?
- 압운을 만들 수 있는가?
- 시를 지을 수 있는가?

비교하기

- 이 정보는 관련된 다른 요소와 어떻게 다른가?
- 이 정보는 관련된 다른 요소와 어떻게 같은가?

다른 학습 방법 활용하기

- 어떻게 하면 기억하기 쉬운 것처럼 보이게 할 수 있을까?
- 이 정보로 어떻게 소리를 만들 수 있을까?
- 이 정보로 어떻게 동작을 만들 수 있을까?

창의적으로 생각하기

자신만의 기억법을 고안하는 것의 장점은 완벽한 기억법을 만들지는 못하더라도 외우려는 정보와 그 주변 정보에 대해 창의적으로 생각해보는 것만으로도 정보를 기억에 더 깊숙이, 오래 머물게 하는 데 도움이 된다는 사실이다.

 이제 당신의 차례다

다음에 대해 자신만의 암기법을 만들어보자. 태양계 행성을 큰 것부터 순서대로 적으면, 목성, 토성, 천왕성, 해왕성, 지구, 금성, 화성, 수성이다.

철자 기억하기

영어는 단어의 철자를 발음 나는 대로 쓰지 않기 때문에 외우기 어렵다. 같은 발음이라도 철자가 여러 가지로 다르게 쓰인다.

그래서 영어를 배우는 사람뿐 아니라 원어민도 철자를 쓰는 데 어려움을 겪는다. 하지만 잘못 쓰기 쉬운 단어를 정확히 외우는 데 도움이 되는 요령이 몇 가지 있다.

눈 활용하기

철자를 잘 못 외우는 사람이 잘 외우는 사람보다 반드시 머리가 나쁘다고는 할 수 없다. 그런 사람들은 문자의 순서를 기억해 내는 데 소질이 없는 것뿐이다. 철자를 잘 틀리는 사람들은 대부분 단어를 혼자 '중얼거리면서' 소리를 문자로 풀어 발음 나는 대로 쓴다. 하지만 철자에 강한 사람들은 단어를 기억의 눈으로 '보고', '본' 대로 베껴 쓴다. 많은 단어가 소리 나는 대로 쓰이지 않기 때문에 이 방법이 들은 대로 쓰는 것보다 훨씬 낫다.

이상한 철자를 기억하는 방법

습관적으로 잘못 쓰는 단어의 철자를 정확하게 쓰는 또 다른 방법은 어려워하는 부분에 집중하거나, 단어에 연결할 수 있는 어구나 이미지를 생각해내서 올바른 철자를 강화하는 것이다.

Separate 혹은 Seperate?	Separate에는 쥐 한 마리(a rat)가 있다.
Necessary 혹은 Neccessary, Neccesary?	Necessary에는 'C'가 1개, 'S'가 2개 있다. 남자 셔츠에는 Collar(깃)가 1개, Sleeve(소매)가 2개 필요(Necessary)하기 때문이다.
Stationary 혹은 Stationery?	Envelope(봉투)는 Stationery(문구류) 중 하나로, 'e'로 시작한다.
Embarrass 혹은 Embarass?	당황하면(embarrass) 사람들의 얼굴은 정말(Really) 빨개(Red)진다.

그리고 다음 문장은 재미있고 쉬워서, 처음 새로운 단어를 배우는 어린이들이 기억하기 좋을 것이다.

Because(왜냐하면)	Big elephants can always understand small elephants 큰 코끼리는 항상 작은 코끼리를 이해할 수 있다.
Wednesday(수요일)	We do not eat sweets day 우리는 사탕의 날은 먹지 않는다.

앞의 방법은 철자를 외우는 데 흔히 사용되는 몇 가지 방법이다. 가장 좋은 방법은 자신에게 잘 통하는 방법을 직접 만드는 것이다. 철자가 틀리기 쉬운 다음의 단어를 자신만의 방법을 찾아 외워보자.

Fahrenheit(Farenheit 아님), Desiccated(Dessicated 아님), Supersede(Supercede 아님)

철자를 외울 때, 중얼거리지만 말고 단어를 시각화하고 직접 써보자.

비밀번호 외우기

비밀번호는 신용카드나 체크카드를 도용당하지 않게 막아준다. 하지만 카드를 안전하게 보호하다 못해 소유주조차도 비밀번호를 잊어버리면 꼼짝없이 못 쓰게 된다는 게 문제다! 필요한 것은, 사용하기 쉽고 언제나 사용할 수 있으면서도 보안을 유지해주는 번호를 외우는 방법이다.

적절한 번호를 선택한다

단순한 첫 번째 방법의 장점은 마음대로 비밀번호를 정할 수 있다는 것이다. 하지만 1234나 1111, 2222와 같은 뻔한 조합은 안 된다.

가장 좋은 번호는 독특하고도 자신만이 알 수 있는 번호로, 뻔한 게 아니어야 한다. 예를 들어, 어머니의 생일이라든가 첫아이가 태어난 연도, 슈퍼볼이나 월드시리즈에서 좋아하는 팀이 최근에 우승한 연도처럼, 자신에게 특별한 의미가 있거나 연관이 있는 4자리 숫자를 선택하면 된다.

다음은 필요할 때 비밀번호를 기억해내는 2가지 방법으로, 어떤 방법이 자신에게 더 맞는지 알아보자.

- 자신이 선택한 중요한 번호와 카드를 연결하는 생생한 이미지를 만든다. 어머니의 생일을 신용카드의 비밀번호로 정한 다음, 어머니가 파티 모자를 쓰고 초가 빽빽이 꽂힌 생일 케이크를 들고서 카드를 사용하는 모습을 상상해본다. 카드를 꺼내면 어머니가 생일날 카드를 사용하는 모습이 생각날 테고, 비밀번호가 떠오를 것이다.
- '엄마 생일 선물은 신용카드로 산다'와 같이 나만 알 수 있는 문구를 쓴 메모를 카드와 함께 가지고 다닌다. 카드를 꺼내 메모를 보기만 해도 비밀번호가 생각날 것이다. 이때 힌트는 다른 사람에게 의미가 없는 것이어야 한다.

물론 이런 방법은 체크카드나 현관문, 번호로 된 자물쇠 등 짧은 숫자를 사용하는 경우라면 어디든 사용할 수 있다.

신용카드 번호 활용하기

비밀번호를 외우는 또 다른 방법은 신용카드 번호를 가지고 비밀번호를 정하는 것이다. 예를 들어 카드 번호가 다음과 같다고 하자.

4929 4263 7812 3611

여기서 네 자리 숫자 묶음 중 하나라든가, 예측하기 쉬운 조합을 선택하는 것은 현명하지 않다. 하지만 카드 번호를 비밀번호를 만드는 재료로는 사용할 수는 있다. 예를 들어 각 그룹의 첫 번째 숫자에 1을 더하면 5584가 된다. 어떤 방법을 사용하든 카드를 보기만 하면 즉각 떠오르는 하나뿐인 비밀번호가 생길 것이다.

짜맞추기

카드가 하나여서 비밀번호를 하나만 기억해야 한다면 가장 좋아하는 방법을 선택하여 활용하면 된다. 카드가 2개 이상인 경우, 여러 가지 기법을 사용하여 카드별로 특이한 비밀번호를 정해 외우도록 하자.

길 외우기

길을 잃고 막막해지는 상황을 피하고 싶다면, 먼저 길을 물어보는 것이 길을 잃지 않는 좋은 방법이다. 하지만 많은 사람이 길을 물어보고 출발해도 들은 내용을 잊어버리고 길을 헤맨다. 하지만 다음에 소개하는 간단한 기법을 익히고 사고가 작동하는 방식을 이해하고 나면 길을 기억하기가 쉬워질 것이다.

여러 가지 방식으로 생각하고 소통하기

오감 중에서 보는 것(시각), 듣는 것(청각), 느끼거나 움직이는 것(운동감각)은 의사소통과 학습 방법에 커다란 영향을 미친다. 모든 사람이 이런 감각을 사용하지만, 똑같이 사용하지 않는다. 사람마다 선호하는 감각이 다르기 때문이다. 그리고 선호하는 감각(또는 학습 방식)은 무언가를 배울 때 가장 효과적인 형식을 결정한다.

길을 안내받을 때, 시각을 선호하는 사람은 지도를 보거나 글자로 쓰인 안내서를 본다. 청각을 선호하는 사람들은 다른 사람의 길 안내를 귀 기울여 듣는다. 한편 운동감각에 의지하는 사람은 직접 데리고 가서 길을 보여주는 것을 좋아한다.

문제는 서로 다른 학습 방식을 지닌 사람이 도움을 주고받을 때다. 예를 들어, 지도를 보거나 안내서를 보는 것을 선호하는 사람이 길 안내를 듣는 경우라면, 그는 말을 이해하긴 하지만 머릿속에 잘 들어오지 않을 테고, 따라서 기억해내기도 어려울 것이다.

자신의 이상적인 학습 방식을 생각해보자. 선호하는 방식으로 길 안내를 받으면 더 알아듣기 쉽고 기억하기도 쉽다는 것을 깨닫게 된다.

하지만 낯선 곳에서 길을 물어볼 때 선호하는 방식으로 길 안내를 받는 호사를 누릴 수는 없다. 그러므로 말로 들은 것을 효과적으로 기억하는 방법을 알아야 한다.

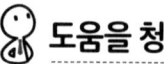 도움을 청할 때 겪는 문제

다른 사람의 길 안내를 들을 때 우리를 방해하는 요소가 너무나 많다.

- 생소한 정보가 너무 많이, 너무 빠른 속도로 주어져서 이해하기도 힘들고 외우기는 더 어렵다.
- 남자들은 사거리나 교차로, 건널목과 같이 경로상의 중간 지점과 각 지점에서 무엇을 해야 하는지 알고 싶어 한다. 반대로 여자들은 교회나 극장, 학교와 같이 중요한 건물이나 눈에 띄는 곳을 설명하는 게 중요하다고 여긴다. 남자는 여자가 길을 알려주면 혼란스러워하거나 힘들어하기 쉽고, 그 반대의 경우도 마찬가지다.
- 길을 물어보는 것은 무척 신경 쓰이는 일이다. 이미 길을 잃었거나, 낯선 사람에게 도움을 청하는 데 익숙하지 않은 사람은 더욱 그렇다. 게다가 기억력은 스트레스를 받으면 제 기능을 발휘하지 못한다.

자신만의 길 찾기 파일링 시스템

길 안내에는 모든 방향(왼쪽, 오른쪽, 직진)과 주요 지점, 주요 건물이 포함된다. 경로는 간결하게 단계별로 나뉘므로, 단계마다 기억의 쐐기를 박아놓는 것이 길을 외우는 비법이다. 그리고 방향이 이리저리 바뀌기 때문에 자신의 몸을 쐐기를 박는 지점으로 사용하는 것이 적당하다.

대개 간단한 길 안내는 대부분 7단계를 넘지 않는다. 그러므로 귀, 어깨, 팔꿈치, 팔목, 손, 엉덩이, 허벅지를 해당 지점으로 사용할 수 있다. 필요하다면 아래로 내려가 발을 해당 지점으로 사용해도 좋고, 더 복잡한 길 찾기라면 몸의 뒷부분을 사용해도 된다. 쐐기를 사용하는 법은 다음에 설명할 것이다.

그다음으로 왼쪽과 오른쪽을 나타내는, 기억에 남는 이미지를 만든다. 왼쪽은 풍성한 갈기를 뽐내는 번쩍이는 황금빛 사자, 오른쪽은 커다랗고 길다란 귀를 가진 환한 분홍색 토끼와 짝을 짓는 식이다.

길 물어보기 - 단계별로

길을 물을 때 다음에 설명하는 순서를 따르면 경로를 잘 이해하고 외울 수 있으므로 길을 잃지 않을 것이다.

- 길을 물어볼 때 '가장 쉬운' 경로를 알려달라고 한다. 그러면 은연중에 상대방이 명확하고 알기 쉬운 길을 안내하게끔 유도할 수 있어 경로를 더 쉽게 이해한다.
- 상대방이 설명하는 중에 주요 지점이 나오면 신체 파일링 시스템에 박아놓은 쐐기에 그 지점의 특이한 이미지를 순서대로 배치한다.
- 주요 지점을 상대방에게 다시 물어본다. 이때는 각 지점에서 어떻게 해야 하는지 물어보면 된다. 왼쪽으로 가야 하는 경우 그 지점에 사자를 놓는 식이다.
- 상대방에게 전체 내용을 다시 말해보고 제대로 이해했는지 확인한다. 이때 가는 길에 눈에 띄는 특징이 있는지 물어본다. 그리고 경로상의 각 단계에서 떠오르는 이미지에 특징을 덧붙인다.

이렇게 하면, 한 번 확인할 때마다 경로가 자세해지기도 하고, 제대로 들었는지 확인하면서 총 세 번 길을 훑어볼 수 있게 된다. 그리고 이 기법에는 길을 제대로 외울 시간을 벌 수 있다는 이점도 있다.

안내받은 길 떠올리기

가는 길을 기억해내려면 신체 각 부분에 순서대로 배치한 그림을 생각하자. 예를 들어, 어깨를 생각하면 거대한 분홍색 토끼가 햄버거를 손에 들고 교차로에 뛰어드는 이미지가 '보일' 것이다. 그러면 교차로에서 오른쪽으로 돌면 패스트푸드 가게가 나온다는 것을 떠올리게 된다. 이 과정은 실제로 해보면, 설명이 더 복잡하게 느껴진다.

할 일과 간단한 목록 외우기

할 일 목록을 종이에 적어두는 버릇을 들이면 기억력을 유지하는 데 도움이 되지 않고, 목록을 잃어버리기라도 하면 중요한 일을 놓칠 수도 있다. 기록하는 대신 쉽고 재미있게 목록을 외우는 방법이 필요하다. 게다가 이 방법은 기억력을 최상으로 유지하는 데 도움이 된다.

이야기의 마법

컴퓨터와 녹음기가 발명되기 훨씬 전부터, 심지어 종이와 펜이 생기기 전부터, 이야기는 수백 년에 걸쳐 그 사회와 문화의 전통과 역사를 대대로 물려주는 데 활용되었다.

이야기는 정보를 생생하게 전달하여 쉽게 기억나게 하기 때문에 외우는 데 강력한 효과가 있다. 잘 지어낸 이야기는 재미있고 즐거워서 사람들의 마음을 빼앗고, 흥미로운 사건들이 줄지어 등장하여 감정적으로 격렬한 반응을 끌어낸다. 그렇기에 이야기가 기억에 남는 것이다.

이야기를 잘 만드는 법

다음은 할 일 목록을 잘 외우기 위해 이야기를 만드는 비법이다.

- 기억해야 하는 것이 무엇인지 명확히 한다.
- 35~36쪽에 나온 상상력을 동원하는 방법을 활용하여, 목록에 있는 항목마다 눈이 번쩍 뜨일 만한 이미지를 머릿속으로 만든다.
- 반드시 과장하고 부풀려서, 재미있고 흥미로운, 심지어 기괴하기까지 한 이야기의 이미지를 강렬하고 단단하게 연결하고 모든 감각을 사용한다.
- 이야기를 머릿속으로 다시 검토하면서 흐름을 잘 따르고 있는지, 그리고 흐름에 따라 목록에 있는 항목이 떠오르는지 확인한다.

다음 할 일을 기억해야 한다고 가정해보자.

- 옆집 고양이에게 먹이를 준다.
- 신문을 산다.
- 자동차의 배기 장치를 교체한다.
- 도서관에 책을 반납한다.
- 치과 예약을 한다.

가장 먼저 해야 할 일은 언제나 현재 할 일 목록에 사용할 시작 이미지를 만드는 것이다. 예를 들면, 메모장과 펜의 이미지를 떠올린다(외우는 수고를 들이고 싶지 않을 때 목록을 적는 데 사용하는 물건이다).

고양이 이야기

다음은 위에 설명한 방법에 따라 이야기를 지어본 것이다.

새빨간 표지의 거대한 메모장이 마법처럼 공중에 둥둥 떠 있다고 상상한다. 그 위에 커다란 감청색 만년필이 정신없이 무언가를 쓰고 있다. 갑자기 바람이 세게 분 것처럼 메모장의 페이지가 휙휙 넘어가기 시작한다. 그러다 페이지 사이에서 옆집 고양이가 "야오오오옹" 하며 튀어나온다. 그리고 온 사방을 휘저으며 날아다니는 노란색 고양이 밥그릇에 머리를 박는다. 고양이가 약이 올라 올려다보니 머리에 밥이 쏟아진다. 고양이는 내게 윙크하고는 발아래에서 신문을 꺼내 들어 마치 사람인 듯 다리를 꼬고 앉아 커다란 안경을 끼고 신문을 읽기 시작한다. 고양이가 신문을 다 읽더니 돌돌 말아 차의 배기관에 끼워 넣기 시작한다. 당신은 차에 타 시동을 걸지만 차는 갑자기 커다란 굉음을 내고, 돌돌 말린 신문지가 공중을 날아 도서관 창문을 통과한다. 신문이 거대한 책장에 부딪히자 책장이 바닥에 쓰러지고, 꽂혀 있던 책들이 여기저기 흩어진다. 사람들이 혼란을 피해 도서관을 서둘러 빠져나오려 하지만, 그러려면 보라색 가운을 입고 헤드 랜턴을 머리에 두른 엄청나게 키가 큰 치과의사한테 검진을 받아야 한다.

이제 머릿속으로 이야기를 몇 번 훑어보고 몇 분이 지난 후에도 기억이 나는지 확인해보자. 할 일을 떠올리려면 메모장과 펜을 먼저 생각해야 한다. 그러면 이야기의 뒷부분이 저절로 떠오르고, 이야기를 생각하며 해야 할 일의 목록을 정확하게 기억해낼 수 있을 것이다.

  이 기법에 익숙해지면 짧은 할 일 목록을 외울 때마다 사용할 수 있을 것이다.

 기법 연습하기

다음 연습을 통해 '기억력 근육'을 다져보자.

연습 1

몇 분에 걸쳐 다음의 할 일 목록을 연결하여 이야기를 만들어 외워보자.

생수병

소형견

다이아몬드 목걸이

만년필

자전거

책을 10분 정도 치워둔 다음, 단어 목록을 적어보자. 답과 목록을 비교해보자.

연습 2

다음의 할 일 목록을 기억하기 위한 이야기를 만들어보자.

- 친구에게 소포를 보내러 우체국에 간다.
- 제일 좋은 정장을 세탁소에 맡긴다.
- 우유를 사러 마트에 간다.
- 가까운 현금지급기에서 현금을 찾는다.
- 구둣방에서 신발을 찾는다.

이 책을 20분간 치워둔 다음, 이야기의 도움을 받아 할 일의 목록을 기억해 써본다. 그리고 맞는지 확인해본다.

기억해야만 하는 것

운전하거나 샤워할 때와 같이 메모할 수 없는 상황에 좋은 아이디어가 불쑥 떠오르는 경우가 있다. 생각이 너무 선명해서 나중에 꼭 기억이 날 것 같지만, 막상 생각해내려면 머릿속은 텅 비어 있다. 하지만 이 기법의 도움을 받으면 번뜩이는 아이디어를 절대 잊어버리지 않을 것이다.

최초 기억 파일링 시스템

이제 머릿속에 항상 지니고 다닐 수 있는 종이와 펜을 만들어 보자. 그래서 언제든 아이디어가 떠오르거나 나중에 해야 할 일이 갑자기 생각났을 때 바로 적고 쉽게 기억할 수 있다.

23쪽에서 기억이 서류함처럼 작동한다고 이야기했다. 이제

섬광처럼 번뜩이는 영감을 놓치지 않기 위해 머릿속 파일을 만들 것이다. 이는 강력한 기억력을 개발하여 사용하게 될 수많은 기억 파일링 기법 중 첫 번째 방법이다.

숫자 압운 기법

파일링 시스템을 체계화하는 가장 쉬운 방법은 파일에 숫자를 붙이는 것이다. 그래서 첫 번째 암기법은 1부터 10까지 번호가 붙은 10개의 파일로 구성된다. 하지만 숫자보다는 이미지로 만들어야 떠올리기가 더 쉽기 때문에 파일 숫자를 각각 이미지로 바꿀 것이다.

각 숫자의 압운과 같은 압운을 가진 물체의 이미지를 사용하기 때문에 이를 숫자 압운 시스템이라고 한다. 다음은 가장 흔히 사용되는 이미지다. 그러나 이미지가 잘 떠오르지 않으면, 자신에게 맞는 이미지로 바꿔도 된다.

1 [wʌn]	Sun [sʌn]
2 [tuː]	Shoe [ʃuː]
3 [θriː]	Tree [triː]
4 [fɔː(r)]	Door [dɔː(r)]
5 [faɪv]	Hive [haɪv]

6 [sɪks]	Sticks [stɪks]
7 ['sevn]	Heaven ['hevn]
8 [eɪt]	Gate [geɪt]
9 [naɪn]	Wine [waɪn]
10 [ten]	Hen [hen]

 ## 강렬한 이미지 만들기

이 기법이 효과가 있게 하는 비결은 35~36쪽에서 설명한 대로 각각의 쐐기 단어로 강렬한 이미지를 부여하는 것이다. 예를 들어 숫자 2에는 구두의 이미지를 사용한다. 번쩍이는 빨간색 에나멜로 된 2미터짜리 뾰족구두라면 잊히지 않을 것이다. 이미지는 새 가죽 냄새를 맡을 수 있을 만큼 생생하고 기억에 남을 법한 것이어야 한다.

몇 분 정도만 시간을 내서 기억에 남을 만큼 강렬한 이미지를 만들어보자. 마음껏 이미지를 꾸민다. 그런 다음 20분간 다른 일을 하다가 종이에 1에서 10까지 숫자를 적으며 숫자 압운 기법으로 만든 이미지가 몇 개나 기억나는지 확인해본다. 숫자의 압운 단어를 생각하자마자 그 이미지가 자동으로 떠오르는 정도에 이르는 것이 목표다.

숫자 압운 기법을 활용하는 법

이제 내용을 적을 수 없을 때 언제든지 사용할 수 있는 기억 파일링 시스템이 준비되었다. 샤워하다가 갑자기 어떤 문제를 해결할 영감이 번뜩 떠올랐다고 해보자. 상상력을 동원해 아이디어를 다채롭고 기억에 남는 이미지로 만든 다음, 숫자 압운 기법 파일에 연결한다.

1	Sun	책	아주 강렬한 태양이 초록색 책을 녹인다고 상상한다.
2	Shoe	탁자	나무 탁자에 단단히 박힌 여자의 커다란 신발이 보인다.
3	Tree	기린	수백 마리의 기린이 거대한 숲에서 나뭇잎을 먹는 모습을 떠올린다.
4	Door	티셔츠	티셔츠가 문으로 어슬렁거리며 걸어오더니(마치 눈에 보이지 않는 남자가 입은 것처럼) 문을 쾅 닫는 모습을 시각화한다.
5	Hive	사과 파이	벌떼가 벌집에서 나와 사과 파이에 앉아서 먹어치우고는 입술을 핥는 모습을 본다.
6	Sticks	마우스패드	날카로운 막대기 한 무더기가 있고 막대기가 다양한 색깔의 마우스패드를 뚫는 모습을 상상한다.
7	Heaven	전화기	커다란 전화기가 요란하게 울리자, 하얀 옷을 입은 아름다운 천사가 날아가 전화를 받는 것을 눈여겨본다.

8	Gate	지갑	낡고 녹슨 문이 열리면서 삐걱거리는 소리가 들린다. 그리고 문이 열리면서 지폐가 떨어지고 가죽 지갑이 문에 걸려 있는 것을 본다.
9	Wine	DVD 플레이어	열려 있는 DVD 플레이어의 디스크 트레이에 붉은 와인이 떨어지는 것을 상상한다.
10	Hen	아스파라거스	살찐 암탉의 두 날갯죽지와 부리 아래로 커다란 녹색 아스파라거스 끝이 비죽 나온 모습을 본다.

예를 들면, 당신의 아이디어가 특히 어려운 일에 여러 가지 도구를 써야 하는 경우라면, 태양열(첫 번째 쐐기 단어 이미지)에 달궈져 손에 잡을 수 없을 정도로 뜨거워진 도구를 시각화한다.

머릿속에서 만든 그림을 기억 파일에 연결하여 아이디어를 머릿속에 꽉 붙들어 매두면 아이디어를 절대 잊어버리지 않을 것이다. 그리고 아이디어를 불러내려면 숫자 압운 이미지를 생각하고 떠오르는 것을 확인하면 된다.

다른 것들도 외울 수 있다!

숫자 압운 기억법을 아이디어를 기억하는 데만 사용할 필요는 없다. 목록이나 항목, 심지어 앞에서 아무렇게나 제시한 단어 목록에도 사용할 수 있다.

효과적인 시각화 원리를 사용하여 연상을 많이 꾸밀수록 만들어낸 이미지를 더 잘 '볼' 수 있다. 10분 후 책을 다시 펴고, 숫자마다 주어진 숫자 압운 이미지를 생각해서 어떤 그림이 떠오르는지 확인하여 단어를 몇 개나 기억하는지 확인해보자.

알파벳을 이용하여 쇼핑하기

쇼핑 목록을 적어두는 경우, 목록을 잃어버리면 난감할 뿐 아니라 '기억력 근육'이 점점 무기력해진다. 이때 쇼핑용 기억 파일링 시스템을 만들면 펜과 종이를 찾을 필요가 없을 뿐 아니라 기억력과 집중력도 향상시킬 수 있다.

 쇼핑 리스트를 외우는 데 기술이 필요할까?

2분 동안 다음 목록을 본 다음, 책을 덮고 몇 가지 항목이 기억나는지 확인해본다.

| 치약 | 치즈 | 토마토 | 스테이크 |
| 바나나 | 피타 빵 | 연어 | 햄버거 빵 |

참치	딸기	요거트	휴지
양배추	햄버거	당근	쌀
배	샴푸	브로콜리	비누
우유	식빵	파스타면	
생크림	베이글	데오도란트	

위 항목 중 몇 개는 기억이 나겠지만, 처음에 모두 외운다면 놀라운 일이다. 10개만 외워도 처음치고는 믿을 수 없는 점수다. 하지만 목록 암기법을 배우기 전에 기억력을 높이기 위해 거쳐야 할 단계가 있다.

첫 번째 단계 - 목록을 체계화한다

종이에 앞의 목록을 5가지 범주로 나눈다. 범주는 목록에 있는 항목을 기준으로 정한다. 범주를 정했으면 10분간 다른 일을 하다가 몇 개나 기억나는지 확인해본다.

아무렇게나 써놓은 원래 순서대로 외울 때보다, 범주에 맞춰 항목을 분류하여 외울 때 더 많은 물건이 기억날 것이다. 이런 식으로 데이터를 분류하는 것을 '유목화(類目化, chunking)'라고 하는데, 기억력이 어떤 기준에 의해서든 연결된 물건을 잘 외우는 경향이 있다는 특성을 이용한 것이다.

여기서 효과적으로 사용할 수 있는 또 다른 원리는, 선택한 범주를 기준으로 목록의 물건을 묶은 다음 그냥 읽지만 말고 물건 하나하나를 좀 더 깊이 생각해보는 것이다. 그렇게 하면 더 많은 정신 에너지를 투자했기 때문에 목록을 더 쉽게 기억할 수 있을 것이다.

내가 목록을 정리한 방법은 다음의 표에서 확인할 수 있다.

이제 제시된 목록을 완벽하고 정확하게 외우는 방법을 찾아보자.

생활용품	샴푸, 비누, 치약, 데오도란트, 휴지
곡물	식빵, 피타 빵, 베이글, 햄버거 빵, 파스타면, 쌀
과일 및 야채	배, 바나나, 딸기, 브로콜리, 양배추, 당근, 토마토
고기 및 생선	스테이크, 햄버거, 참치, 연어
유제품	우유, 치즈, 생크림, 요거트

알파벳 기억 파일링 시스템

앞에서 첫 기억 파일링 시스템으로 숫자 압운 기억법을 배웠다. 이 기법을 쇼핑 목록을 외우는 데도 사용할 수 있지만, 그러면 외울 수 있는 항목이 10개밖에 안 된다.

표를 그릴 때마다 종이를 다르게 사용하는 것처럼, 기억법도 달리 적용해야 한다. 알파벳을 활용하여 기억 파일을 정리하는 법을 알려줄 텐데, 이 기억법을 사용하면 기억을 돕는 26가지 연결 고리를 갖게 된다.

이 기억법을 성공적으로 사용하는 비결은 알파벳 철자를 생각하는 순간 이미지 하나가 즉시 떠오르는 것이다.

어떤 철자는 보기만 해도 자연스럽게 특정 이미지가 떠오를 것이고, 어떤 철자는 더 생각해봐야 할 것이다. 다음은 내가 사용하는 이미지들이다.

Acrobat(곡예사)	Horse(말)	Orangutan(오랑우탄)	Vase(꽃병)
Bee(벌)	Impala(임팔라)	Panda(팬더)	Window(창문)
Cat(고양이)	Jester(어릿광대)	Queen(여왕)	X-ray machine (엑스레이)
Dog(개)	Kettle(주전자)	Rose(장미)	Yak(야크)
Eagle(독수리)	Lasso(올가미)	Snake(뱀)	Zulu warrior (줄루족 전사)
Frog(개구리)	Mouse(쥐)	Tarantula(타란툴라)	
Guitar(기타)	Net(망)	Uniform(유니폼)	

어떤 단어와 이미지는 당신에겐 별로 효과가 없을 수 있으니, 마음껏 다른 이미지로 바꿔라. 인터넷에서 구글 이미지 검색 기

능을 사용하면 선택한 단어마다 적절한 사진을 찾는 데 도움이 될 것이다.

손쉽게 머릿속에 이미지를 단단히 붙들어두는 방법이 있다. 얇은 마분지(트럼프 카드 크기) 26장을 준비해서 한 면에는 알파벳을 큼지막하게 쓰고 다른 한 면에는 선택한 이미지를 적는다. 카드를 섞은 다음 철자가 위로 보이게 하고 차례로 보면서 연상 이미지가 얼마나 빨리 떠오르는지 확인한다. 카드마다 1초가 걸리지 않을 때까지 반복한다.

알파벳 시스템 활용하기

이제 정리한 목록을 외우는 데 알파벳 시스템을 사용할 수 있다. 다음과 같이 처음 세 가지 항목으로 시작해보자.

Acrobat	샴푸	샴푸 용기로 쌓은 피라미드 위에서 곡예사가 아슬아슬하게 중심을 잡고 있는 그림이 보인다.
Bee	비누	벌이 꽃에 날아와 향기를 묻히려고 향기로운 비누로 꽃을 비비는 장면을 본다.
Cat	치약	이를 닦고 있는 고양이를 상상한다.

각 항목과 옆의 문자가 강하게 연상되도록 하여 목록 전체를

범주별로 작업해보자. 당근과 말처럼, 이미지와 항목을 너무 쉽게 연결하지 않도록 한다.

  이 기억법은 알파벳 이미지를 쭉 훑어보면서 거기에 지정해둔 물건을 떠올리는 식으로 작동한다. 그러므로 물건과 글자 간의 연상이 특이할수록 좋다.

들은 내용 기억하기

사람들과 나눈 대화 내용이 생각나지 않는 일이 잦다면 기억력에 문제가 있다고 생각하는 게 당연하다. 하지만 애당초 정보를 제대로 듣지 않았거나, 들은 내용을 외우는 데 적합한 전략이 없기 때문일 가능성이 크다.

왜 자꾸 잊어버릴까?

들은 것을 기억해내는 데 어려움을 겪는 이유는 여러 가지가 있다.

- 들을 때 집중하지 않으면 주의가 흐트러진다. 그러면 상대방을 쳐다보고 있어도 정신은 딴 데 가 있으니 처음부터 기

억할 것이 아예 없다.
- 시각적이고 운동감각적인 학습 방법을 선호한다면, 들은 내용을 기억해내기가 더 어렵다.
- 듣고 있는 말의 내용이 복잡하거나 어려우면 그에 압도되어 내용을 따라가지 못한다. 그러면 정보를 이해하기 힘들고 당연히 기억하기도 어렵다.

기억력을 높이기 위한 실용적인 방법

들은 것을 더 많이 기억하고 싶으면 다음 방법 중 하나 또는 몇 가지를 동시에 시도해보자.

- '빠르게 반복하기 방법'을 사용한다. 들리는 말을 머릿속으로 반복한다. 그러면 더욱 집중해서 듣게 되므로 주의가 흐트러지지 않는다.
- 대화가 잠시 끊긴 사이에 들은 내용을 요약해 상대방에게 다시 말해본다. 그러면 상대방의 말을 이해하며 따라갈 수 있다.
- 내용을 이해하기 힘들면 질문을 하거나 정보를 다른 식으로 설명해달라고 부탁한다.

- 가능하면, 주요 내용이나 문구를 알 수 있는 메모를 적어 둔다.

핵심 포인트 알아내기

들은 것을 기억하려면 핵심 포인트를 알아내는 기술을 발전시키는 것이 중요하다. 라디오, 특히 드라마에 나오는 말을 들으며 핵심 포인트를 알아내는 것은 좋은 연습 방법이다. 이 연습을 하다 보면 가장 관심을 끄는 포인트를 집어내는 것만으로도 대부분을 요약할 수 있다는 사실을 깨닫게 될 것이다.

기억법 활용하기

이러한 식으로 정보를 요약할 수 있게 되면 기억 파일링 시스템 중 하나를 사용하여 들은 내용의 핵심 포인트를 기록할 수 있다. 특히 대화 도중에 머리로 메모할 때 20단계의 경로(150~154쪽)를 만들어 사용할 것을 추천한다. 그런 다음 핵심 포인트를 파악하고 그에 대한 강렬한 이미지를 만들어 각 경로에 연결한다. 대화의 핵심 포인트 20개를 외우면, 자연스러운 연상과 연결의 힘 덕분에 외우지 않은 다른 세부 사항들까지 떠오를 것이다.

과거 소환하기

사람들은 추억에 잠기기를 좋아한다. 하지만 아주 오래전의 일은 되살리기가 쉽지 않다. 그렇지만 기억이 떠오르게 하고 쌓아가는 방법을 알고 나면 더 많은 추억을 불러올 수 있을 것이다. 그 비결은 떠오르는 기억을 시작으로 기억이 전부 드러날 때까지 자세한 내용을 그 주변에 쌓는 것이다.

시작 포인트 찾기

각각의 기억이 자물쇠가 달린 문 뒤에 제각각 저장되어 있다고 상상한다. 어떤 문은 아주 쉽게 열리기도 하지만, 어떤 문은 잠겨서 기억이 숨겨진 채로 있다. 숨겨진 기억에 다가가기 위해 문을 여는 데 필요한 것은 그에 맞는 열쇠다. 그리고 기억의 관점에서 보면 열쇠는 기억해내려는 것과 관련되었거나 연상을 일으키는 것이다.

열쇠를 찾아 기억을 소환하는 가장 좋은 방법은 기억해내려는 시점에 갖고 있던 물건을 모두 모으는 것이다. 사진, 오래된 일기나 옷, 장난감, 그 시절에 모은 수집품일 수도 있다. 그것들을 찬찬히 살펴보면서 어떤 감각이 떠오르는지 확인해보자.

특히, 사진을 볼 때는 피사체 주변을 자세히 살펴보며 무엇이 떠오르는지 살펴본다. 그 시절의 음악을 듣거나 관련된 기억을 불러내는 데 도움을 줄 만한 그 시기의 책이나 신문을 보는 것도 도움이 된다. 딱 들어맞는 열쇠가 아니더라도 기억의 봉인을 해제할 다른 것을 불러올 수도 있다.

 자신에게 질문해보기

기억을 자극할 만큼 특이한 사건이 없으면, 조용히 앉아서 눈을 감고 긴장을 풀면서 상상 속의 그 시기로 돌아가서, 소환하려는 기억을 떠올릴 수 있는 것에 초점을 맞춘다. 사건을 되도록 완벽하게 다시 경험하는 것이 목표다. 다음 질문들로 감각적이고 정서적인 기억을 자극해보자.

- 내가 무엇을 보았지?
- 내가 무엇을 들었지?
- 내가 무슨 냄새를 맡았지?
- 내가 무엇을 만졌지?
- 내가 무엇을 맛봤지?
- 내가 무엇을 느꼈지?

기억의 봉인 해제하기

어떤 방법을 사용하든, 아주 사소한 부분이 떠오르기만 해도 또 다른 관련 세부 사항에 불을 붙일 것이고, 기억은 꼬리를 물고 계속 드러날 것이다. 이런 열쇠가 사건이나 장소에 대한 기억의 문을 열어, 추억에 잠기게 될 것이다.

"약하지만 더 오래가는, 냄새와 맛이라는 감각.
그것은 마치 영혼처럼 오래도록 지속되어 기억에 남는다."

- 마르셀 프루스트(1871~1922)

쉬어가기

기억이라는 놀라운 세계

지금까지 자신만의 방법을 연습했다면, 기억력은 다른 사람들이 상상할 수 있는 것보다 더 크게 발전하고 있을 것이다. 여기에서는 연습을 멈추고 잠깐 숨을 돌리면서, 기억력 세계에 관한 흥미롭고 짤막한 소식을 즐겨보자.

유명한 기억력의 대가

오랫동안 사람들은 기억력으로 펼치는 놀라운 재주에 매료되었고, 많은 기억력 전문가들이 당대에 이름을 떨쳤다. 지난 세기 초에 해리 후디니와 같은 유명 마술사들이 기억력이라는 뛰어난 재주로 청중을 열광시킨 적도 있었지만, 1950년대에 미국의 해리 로레인과 영국의 레슬리 웰치 같은 사람이 기억력을 이용한 재주만을 보여주는 공연을 하기 시작하자 기억과 회상 기술이 두각을 나타내게 되었다.

해리 로레인이 좋아한 시연 중 하나는 관객의 이름을 외우는 것이었다. 그는 활동하는 동안 100만 명이 넘는 사람의 이름을 외운 것으로 유명했다. 기억력 세계의 스타로는 케빈 트루도와 세계 기억력 챔피언십에서 8번이나 우승한 도미니크 오브라이언도 있는데, 그는 여러 가지 기술 중 보드게임인 트리비얼 퍼슈트의 정답을 모두 외운 사람이다!

'기억력 스타'들은 대부분 수백 년이나 된 기법과 아이디어를 활용하여 기억력을 훈련했지만, 범상치 않은 기억력을 타고난 유명한 '서번트'도 더러 있다. 킴 픽도 그중 하나다. 그는 1951년에 태어나 겨우 18개월 때부터 책을 읽기 시작했고, 12,000권이 넘는 책을 읽고 정확히 외웠다. 그는 8~10초 사이에 한 쪽을 읽고, 그동안 내용을 '머릿속 하드 드라이브'에 저장한 후 나중에 언제든 기억해냈다. 킴 픽은 IQ도 낮고 단추를 끼우는 것과 같은 일상생활을 꾸려나갈 능력도 없었지만, 그의 기억력은 정말 놀라운 것이었다. 뇌 스캔을 통해 그의 뇌에서 비정상적인 구조가 발견됐지만, 그것만으로는 그의 기억력에 영향을 준 것이 무엇인지 완전히 설명할 수 없었다. 안타깝게도 킴은 2009년에 58세의 나이로 세상을 떠났다.

세계 기억력 챔피언십

1990년대, 기억력 증진 분야의 세계적 권위자들의 모임 중 하나인 토니 부잔의 전문적인 기억술사 그룹이 최고의 기억력을 지닌 사람을 가리는 대회를 조직했다. 대회는 작은 규모로 시작했지민, 전 세계에서 참가자들이 늘어나고 매체의 관심을 모으며 세계적인 대회로 성장했다. 게다가 기억력이 하나의 스포츠로 여겨지면서 이제는 많은 나라에서 국내 대회는 물론 지역 챔피언십까지 개최되며 발전하고 있다. 이 대회는 두뇌 10종 경기와 같다고 할 수 있는데, 속도와 끈기를 동시에 요구하며 10가지 부문에 걸쳐 펼쳐진다. 도전자들은 무작위로 된 카드 한 벌과 숫자, 이름, 목록, 시를 외워야 한다.

세계 기록

세계 챔피언십은 해마다 기록을 경신하면서 놀라운 기록을 보여준다. 그중 믿기 어려울 정도로 대단한 재주를 소개하겠다.

- 무작위로 섞은 카드 한 벌의 순서 - 31.16초
- 1시간 동안 외운 카드의 숫자 - 27벌(카드 1,404장에 해당)
- 5분 동안 외운 난수 - 333개
- 1시간 동안 외운 난수 - 1,949개

모든 세계 기록이 세계 챔피언십에서 나온 것은 아니다. 예를 들어 수학에 나오는 π(3.14159……)는 수 세기 동안 사람들의 관심을 끌었다. 이 수는 같은 패턴으로 반복되지 않는, 기억력계의

'에베레스트산'이라고 할 수 있는 무한소수다. 세계 기록은 일본의 정신 건강 상담사인 아키라 하라구치가 세운 것인데, 소수점 이하 83,431개의 수를 외우고 암송했다.

제대로 외우면 머리가 좋아진다

어떤 기록은 자신의 능력 밖으로 보일지 모르지만, 그렇다고 포기하지는 말자. 앞으로 배울 기억법으로 조금만 연습하면 비슷한 성과를 거둘 수 있다. 그리고 직업적인 기억술사가 되는 데는 관심이 없어도, 여기서 배운 아이디어와 기법을 활용하면 두뇌가 점점 단련될 것이다.

2002년, 나는 런던의 신경학연구소에서 실시한 연구에 참여했는데, 이 책에서 다루는 기억법을 사용하는 기억력 전문가들의 뇌를 스캔하는 것이었다. 전문가들은 연구의 통제 집단보다 더 나은 결과를 보여줬을 뿐 아니라, 뇌의 더 넓은 부분을 활용하는 것으로 나타났다. 특히 단기 기억을 장기 기억으로 전환하는 일을 담당하는 해마가 그러한데, 잘 알고 있는 것에 대해 생각할 때 '불이 켜'지는 부분이기도 하다. 이런 점을 보면 제대로 외우는 것이야말로 훌륭한 지적 훈련이다!

지금까지 기본 아이디어를 몇 가지 배웠고 기억력을 획기적으로 개선하는 게 어렵지 않다는 것을 알게 되었다. 이제는 이를 토대로 기억력을 개선해야 한다.

이 장에서도 이미 친숙한 원칙이 계속 사용되고, 여러 경우에 사용할 수 있는 새로운 기법도 소개할 것이다.

여기서는 다양한 주제 중에서 신문 기사든 소설이든 읽은 것을 기억하는 전략을 다루고, 연단에서 무슨 말을 해야 할지 몰라 꿀 먹은 벙어리가 되는 일이 없도록 연설문을 외우는 방법도 배우게 될 것이다. 또한 외국어 단어를 쉽게 외우거나 중요한 날짜나 약속을 절대로 잊어버리지 않는 비법도 알게 될 것이다. 가장 강력한 기억법도 접하게 될 것이고, 지금 당장이라도 이 기억법을 사용하면 놀랄 만한 기억력을 보여줄 수 있을 것이다.

4
성공을 위한 훈련

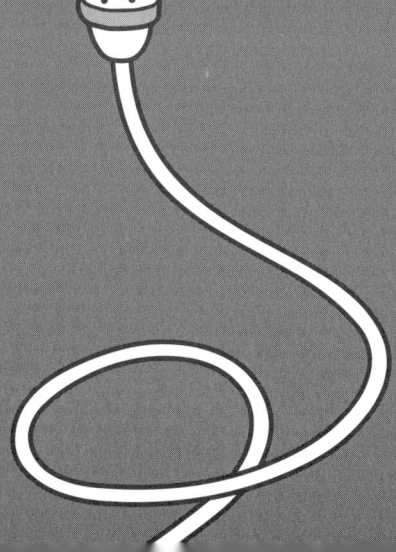

이름과 얼굴 기억하기 – 연상 기억법

사람의 이름을 기억하는 데는 이전 장에서 설명했던 사교적 기법뿐만 아니라 같이 사용할 수 있는 또 다른 기법이 있다. 연상 기억법이라 불리는 두 번째 기법은 이름을 이리저리 꾸며 얼굴에 연결하거나 혹은 그 반대의 방법으로 둘 다 잊어버리지 않도록 하는 기억의 원리를 사용한다. 이는 79쪽에서 소개한 사교적 기법의 8단계와 맞물린다.

 이렇게 보자

기억의 원리 중 하나는 이미 알고 있는 것과 관련이 있거나 연결된 사실을 기억하기가 더 쉽다는 것이다. 그렇다면 이를 처음 만난 사람에게 어떻게 적용할 수 있을까?

우선, 상대방의 외모에서 자신이 알고 있는 사물이나 사람을 떠올리게 하는 게 무엇인지 찾아본다. 아무것도 떠오르지 않는다면, 상상력부터 단련하라!

창의력을 발휘하여 다음과 같은 질문을 스스로 던져보자.

- 내가 아는 사람을 닮았는가?
- 유명인을 닮았는가?
- 특정 직업(예를 들어, 경찰, 가수, 또는 변호사 등)의 전형적인 모습이 보이는가?
- 그 사람을 바로 알아보게 하는, 눈에 띄는 특징이 있는가?
- 과장하거나 희화화할 수 있는 특징이 있는가?

연결 강화하기

기억에 남을 만한 이미지를 찾으면, 상대방의 얼굴을 보면서 이미지를 연상하여 둘 사이의 연결을 강화한다. 그 사람을 만날 때마다 이렇게 하면, 연결된 이미지와 얼굴이 머릿속의 기억 파일이 되어 자동으로 떠오를 것이다. 뉴스를 보면서 강렬한 이미지 연결을 찾는 연습을 해보자.

보자마자 배우 제니퍼 애니스톤(〈프렌즈〉의 레이철)이 떠오르는 사람을 만났다고 하자. 이 사람을 볼 때마다 기억에 고착화된 연상 이미지인 제니퍼 애니스톤이 떠오를 것이다.

그 사람을 본다 > 제니퍼 애니스톤이 떠오른다

 이름 기억하기

그다음에는, 그 사람의 이름을 기억하게 하는 연결 고리와 연상을 만들어야 한다. 가장 좋은 방법은 이름을 그림으로 전환하고 이를 얼굴이라는 기억 파일에 연결하는 것이다. 방금 만난 사람의 이름이 페넬로페 산체스(Penelope Sanchez)라고 해보자. 이 이름을 이미지로 바꾸려면 먼저 성과 이름을 나눠야 한다.

1단계 - 이름을 시각화하기

다음과 같은 질문을 스스로에게 해본다. 전부 대답을 할 수 없을지도 모른다. 특이한 답이 바로 떠오르는 질문에 초점을 맞추자.

- 내가 아는 사람 중에 '페넬로페'라는 사람이 있나?

- '페넬로페'라는 이름을 가진 유명인이 있나? (예를 들면, 배우 페넬로페 크루즈)
- '페넬로페'가 어떤 그림을 떠올리게 하는가?
- '페넬로페'에 그림으로 바꿀 수 있는 의미가 있는가?
- '페넬로페'를 그림으로 바꿀 수 있는 부분으로 작게 나눌 수 있는가? (파트너와 눈이 맞아 달아나는(elope) 펜(pen)을 상상해보자.)

페넬로페 크루즈가 가장 강렬한 이미지라면, 이제 제니퍼 애니스톤(페넬로페 산체스를 보면 생각나는 사람)을 페넬로페 크루즈와 연결해주는 '기억을 위한 양념을 친' 그림을 만들어야 한다.

그 사람을 본다 > 제니퍼 애니스톤이 떠오른다 > 페넬로페 크루즈가 생각난다

2단계 - 성을 시각화하기

앞에서 한 것과 같은 질문을 해보자.

- 내가 아는 사람 중에 '산체스'가 있나?
- '산체스'라는 유명인이 있나?

- '산체스'가 어떤 그림을 떠올리게 하는가?
- '산체스'에 그림으로 바꿀 수 있는 의미가 있는가?
- '산체스'를 그림으로 바꿀 수 있는 부분으로 작게 나눌 수 있는가? (모래로 만든 의자를 상상한다. 'Sand Chairs' = Sanchez)

3단계 - 성의 이미지와 이름의 이미지 연결하기

성에서 떠올린 이미지인 '모래로 만든 의자(Sand Chair)'를 사용해보자. 이제 페넬로페 크루즈와 모래로 만든 의자를 과장되고 강렬하게 연결해야 한다.

그 사람을 본다 > 제니퍼 애니스톤이 떠오른다 >
페넬로페 크루즈를 생각한다 > 모래로 만든 의자 > 페넬로페 산체스

머릿속의 이미지는 아마 이러할 것이다. 방금 만난 사람을 보자마자 제니퍼 애니스톤이 떠오른다. 제니퍼 애니스톤을 보니, 그녀의 어깨 위에 선 페넬로페 크루즈가 보인다. 요란한 팡파르가 울리며 페넬로페가 두 번 공중제비를 돌면서 커다란 빨간색 의자로 뛰어내린다. 그러자 의자가 곧바로 모래로 변한다.

이 방법에 익숙해질 때까지 몇몇 이름을 가지고 연습해보자.

이름을 얼굴에 연결하기

관찰은 기억의 핵심 기술이다. 그리고 이름을 외우는 또 다른 방법은 다음의 예와 같이 이름을 그 사람의 얼굴이나 신체의 특징과 연결하는 것이다.

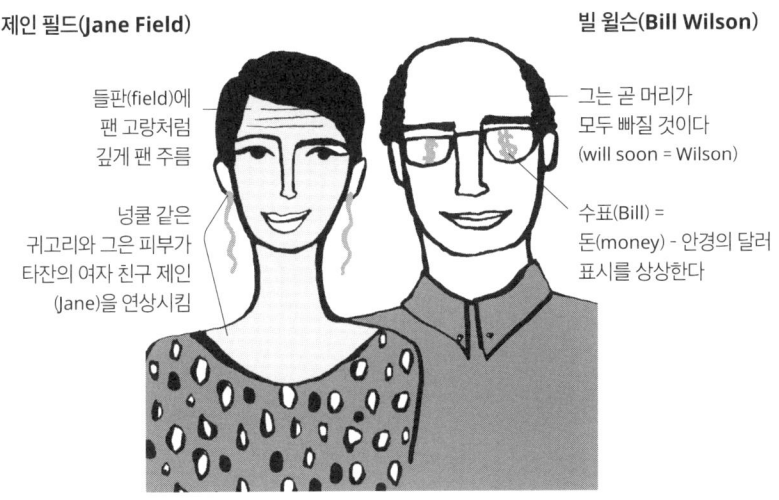

제인 필드(Jane Field)
- 들판(field)에 팬 고랑처럼 깊게 팬 주름
- 넝쿨 같은 귀고리와 그은 피부가 타잔의 여자 친구 제인(Jane)을 연상시킴

빌 윌슨(Bill Wilson)
- 그는 곧 머리가 모두 빠질 것이다 (will soon = Wilson)
- 수표(Bill) = 돈(money) - 안경의 달러 표시를 상상한다

긴 숫자 외우기

모든 숫자가 신용카드나 체크카드의 비밀번호처럼 4자리로 이루어진 것은 아니다. 전화번호나 회원 번호, 은행 계좌번호는 특히 외우기가 어렵다. 여기에서는 언제든지 필요할 때 숫자를 기억해내는 방법에 대해 알아보자.

긴 숫자가 왜 문제가 되는가?

많은 사람이 숫자에 약하다. 당신만 그런 것은 아니다. 어떤 사람들은 학창 시절에 수학 시간이 너무 괴로웠다는 이유로 숫자를 좋아하지 않는다. 또 다른 이유가 있다면 뇌가 아이디어나 개념, 그림으로 생각하는 것을 더 좋아하기 때문이다. 숫자도 그 일부가 될 수는 있겠지만, 비슷비슷하게 보여서 쉽게 구분이 안

된다. 게다가 사람들은 숫자가 죽 늘어선 것을 보면 애를 먹는다. 심리학자들이 밝혀낸 바에 따르면, 보통 사람들이 처리할 수 있는 숫자의 자릿수에는 한계가 있기 때문이다. 사람들이 단기 기억에 저장할 수 있는 숫자는 5자리에서 12자리까지라고 한다. 게다가 작동 기억이 가동되는 시간도 제한적이라는 사실이 더해져 문제가 더 복잡해지는데, 그 시간은 겨우 전화번호를 듣고 번호를 누르는 정도라 이 시간이 지나고 나면 전화번호가 곧바로 기억에서 사라진다.

훨씬 더 오랫동안, 더 긴 숫자를 기억하게 하는 단순하고도 효과적인 방법에 대해 살펴볼 것이다. 그런 다음, 더욱 정교하고 복잡한 기법에 대해서도 배울 것이다.

작은 덩어리로 나누기

40쪽에서 효과적인 기억의 원칙은 잘게 쪼개는 것이라고 설명한 바 있다. 그리고 이런 원칙은 긴 숫자를 외우는 데도 적용된다.

9074365218과 같은 10자리 숫자는 다소 벅찰 수 있다. 하지만 이 숫자를 아래와 같이 쪼개면 갑자기 덜 벅차고 만만해 보일 것이다.

907 436 5218

사람들은 대부분 전화번호를 알려줄 때 숫자를 몇 자리씩 끊어 말하는데, 그러면 숫자를 외우는 게 훨씬 수월하다.

숫자를 작은 단위로 나누었으니, 나뉜 숫자의 덩어리를 단어나 그림으로 바꿔 기억에 남을 수 있도록 하는 여러 가지 기법을 배워보자.

광고에서 사용되는 기법

광고에서 회사 전화번호에 단어와 숫자가 섞여 있는 것을 본 적이 있을 것이다. 가구점 사장이라면 전화번호를 1-800-9TABLES로 정하고 전화를 걸어주기를 기다릴 수도 있다. 이런 번호가 1-800-9822537보다 외우기 쉬운데, 'TABLES'는 머릿속으로 시각화할 수 있는 의미를 갖고 있기 때문이다. 이 단어는 숫자에 문자가 할당된 전화의 키패드에서 따온 것이다.

전화 키패드

키패드를 사용하면 2446532668와 같은 숫자를 다음과 같이 전환할 수 있다.

244   653   2668
BIG   OLD   BOOT

다음 숫자의 그룹으로 어떤 단어를 만들 수 있을까?

3475 344 8776 9882 4726 538 264

이 기법의 유일한 단점은 모든 숫자가 의미 있는 단어가 되게끔 하는 편리한 문자 묶음을 제공하지는 않는다는 점이다. 예를 들어 6218435792는 정말로 기억할 만한 게 없는 'ma 1vid kryb'라는 문자 묶음이 된다. 또한 1이나 0에는 할당된 문자가 없으므로, 이러한 숫자가 포함된 숫자는 다음 기법으로 외워야 할 것이다.

숫자 = 문자

전화의 키패드로 도움이 되는 단어나 이미지가 만들어지지 않을 경우, 숫자 = 문자 시스템을 사용할 수 있다. 각 숫자를 그 수에 해당하는 만큼의 글자 수가 있는 단어로 대체한다. 예를 들면 1633은 다음과 같이 만들 수 있다.

A Ginger Tom Cat

A Larger Red Rat

이 기법의 장점은 사람이나 서비스에 대한 숫자에 적합한 단어를 선택할 수 있다는 점이다. 예를 들어, 미용사의 전화번호에 4146이라는 수가 들어 있으면 'Only a Trim Please(손질만 해주세요)'로 만들어도 된다.

이 방법을 사용하여 다음 전화번호를 기억에 남게 해보자.

- 3396 - Doctor(의사)
- 7219 - Cinema(영화관)
- 2754 - Plumber(배관공)
- 1355 - School(학교)
- 2856 - Auto-body repair shop(자동차 수리점)

숫자 모양 기억법

3장에서, 1부터 10까지의 숫자와 압운이 같은 단어를 사용하여 기억 시스템을 만드는 방법을 알아보았다. 이제는 숫자의 모양과 닮은 이미지나 물체를 기초로 하는 기억법에 대해 살펴보자. 이 기억법에는 0의 이미지도 포함된다.

숫자 압운 기억법(111~114쪽)에서 한 것처럼 다음에 나온 이미지를 살펴보자. 그리고 이미지를 부풀려 숫자를 시각화하고 20분간 다른 일을 한다. 그런 다음 숫자와 그에 해당하는 이미지를 기억해 써보며 몇 개나 떠오르는지 확인해본다. 연상과 기억이 자동으로 이루어질 때까지 연습을 계속한다.

일단 연상이 기억에 확고하게 자리 잡으면, 이미지를 서로 연결하여 생생한 시나리오를 만들어 아무리 긴 숫자라도 외울 수 있다.

숫자 모양 이미지	
0 = 테니스공	
1 = 야구 배트	
2 = 백조	
3 = 수갑	
4 = 배 한 척	
5 = S자 고리	
6 = 코끼리 코	
7 = 가로등	
8 = 눈사람	
9 = 줄 달린 풍선	
10 = 나이프와 접시	

예를 들어, 숫자 8167은 당근 코가 달린 커다란 눈사람(8)이 새파란 야구 배트(1)로 코끼리(6)의 뒤통수를 후려치고는 화려한 분홍색 가로등(7) 꼭대기로 허둥지둥 달아나는 모습으로 나타낼 수 있다.

다음 숫자를 이 기법을 이용하여 이미지로 만들어보자.

287, 435, 9815, 03461

여러 기법 함께 사용하기

숫자를 더 확실히 기억에 남게 하는 세 가지 기법을 배웠다. 이제는 01064590134와 같은 상사의 전화번호도 작은 단위로 쪼갠 다음, 세 가지 숫자 기억법 중 하나 또는 몇 가지를 사용하면 된다. 시도해보자.

여정 기법

기억 저장 기법 중 가장 오래된 여정 기법은 아주 다양하게 응용하여 사용할 수 있는 기법이다. 나는 이 기법이 가장 사용하기 쉬울 뿐 아니라 가장 강력한 기억 파일링 기법이라고 생각한다.

 여정 기법의 역사

서구 문명을 정의하는 로마와 그리스에서는 위대한 연설가가 되는 것이 정치적인 권력과 영향력을 뜻했다. 긴 연설 내용을 기억해서 말하는 능력은 사람들에게 존경받는 것을 넘어서 숭배되던 기술로, 이 능력의 비밀은 여정 기법을 사용하는 것이었다.

이 기법은 요즘에도 사용되고 있으며, TV에서 인상 깊은 기억력을 보여주는 사람들도 이 방법을 사용할 가능성이 아주 높다. 세계 기억력 챔피언십에서 지난 몇 년 동안 상위권에 들었던 선수들도 이 기법을 사용했다. 물론 나도 그랬다!

이 놀라운 기법은 어떤 것인가?

여정 기법의 원리는 단순하다. 이 기법이 강력하면서도 사용하기 쉬운 이유는 익숙한 장소들을 기반으로 하기 때문이다. 잘 알고 있는 곳을 선택해 그곳이나 그 주변의 것을 포인트로 정해 기억 파일링 시스템을 만든다. 그런 다음 포인트를 파일이나 쐐기로 삼아 기억해야 할 정보를 배치한다. 이때 '기억을 돕는 양념'을 듬뿍 쳐서 포인트와 정보를 단단히 이어줘야 한다. 그리고 정보가 필요하면 머릿속으로 그곳에 다시 방문하면 된다. 연상이 강렬하면, 포인트를 지나갈 때마다 그곳에 배치한 정보가 떠오를 것이다.

이 기법은 로마인들이 장소별로 독립된 방을 사용했기 때문에 '로마의 방' 기법이라고 불리기도 한다. 한편 고대 그리스인들은 연상을 연결해둘 다양한 포인트(혹은 장소)를 한 방에 두는 것을 선호했기 때문에 '그리스 장소' 기법이라고도 한다.

마음의 눈으로 볼 수 있는 곳으로 떠나는 여행에서 동일한 순서로 특정 포인트나 장소를 방문할 수 있다면, 어떤 식의 여정 기법을 사용하든 상관없다.

여정 설계하기

첫 번째 단계는 첫 번째 기억 여행을 위한 장소를 선택하는 것이다. 자신이 살고 있는 곳에서 마음에 드는 방을 선택하는 것이 좋다. 이 작업을 할 때는 직접 방에 가보는 것도 좋은데, 실제로 가보면 상상만 하는 것보다 훨씬 더 생생한 여정을 만들 수 있기 때문이다. 하지만 가본 적이 있고 잘 아는 장소를 떠올리는 것만으로도 좋은 결과를 낳을 수 있다.

다음 단계는 방에서 시작 포인트를 정하는 것이다. 그 방을 대표하는 것을 고르는데, 예를 들어 거실에서는 책장, 주방에서는 냉장고라는 식이다. 일단 시작 포인트를 정하면 머릿속으로 방을 걸어가면서 중요한 물건을 9개 이상 차례로 정한다(물건들이 그곳에 오래 놓여 있을수록 좋다).

거실을 여행지로 사용하는 경우에는 다음 항목이나 경로를 선택할 수 있다.

1 책장 2 그림 액자 3 전기 스탠드 4 창문 5 현관문
6 개집 7 의자 8 작은 탁자 9 소파 10 텔레비전

이제는 여정이 머릿속에 단단히 자리 잡도록 '조건화'해야 한다. 눈을 감고 머릿속으로 여정을 여러 번 반복해서 오가며 경로가 최대한 선명해지게 한다. 이것이 결정적인 단계다. 그렇지 않으면 경로가 제대로 기억되지 않을 것이다.

여정 기법 활용하기

1장에서 설명한 원리 중에서 상상과 연상의 도움을 받으면 사실상 어떠한 종류의 정보라도 이 기법을 활용하여 기억할 수 있다. 그 비결은 기억하려는 항목마다 강렬한 이미지가 떠오르게

한 다음, 그 이미지들로 생생한 시나리오를 짜서 여정의 단계마다 연결하는 것이다. 만들어 사용할 수 있는 숫자에 제한이 없으므로, 목적마다 다른 여정을 만드는 것이 좋다.

집에 있는 방 하나를 골라 10단계로 된 여정을 만들어 여정 기법을 활용해보자. 그런 다음 주기율표의 10가지 원소를 외워본다.

- 수소
- 붕소
- 플루오린
- 헬륨
- 탄소
- 네온
- 리튬
- 질소
- 베릴륨
- 산소

약간 벅차 보이겠지만 원소별로 창의력을 발휘해 생각해보자. 어떻게 들리는가? 또는 무슨 생각이 떠오르는가? 예를 들어 베릴륨 = 베리, 헬륨 = 힐 등등이 있다.

> **과학자들이 이미 효과를 증명한 여정 기법!**
>
> 내가 이 기법을 사용하여 놀라운 성과를 낸 경험이 있기 때문에, 이 특별한 기법을 소개하게 되어 너무 기쁘다. 내 말을 믿지 않아도 된다. 의학 연구자들이 여정 기법을 사용하는 사람들의 뇌와 그렇지 않은 집단의 뇌를 스캔하여 이 기법이 효과가 있다는 사실을 밝혀냈으니 말이다. 연구자들은 두 번째 집단보다 첫 번째 집단의 기억 수행 능력이 더 좋았으며, 여정 기법을 사용하면 해마(기억에 주요한 뇌 영역)와 뇌의 오른쪽 영역에 자극이 더 많이 전달된다는 사실도 발견했다. 나도 이 놀라운 연구의 실험 대상이었기 때문에, 사실이라는 것을 잘 안다.

날짜와 약속 기억하기

친한 친구나 가족의 생일이나 기념일을 잊어버려 곤란했던 적이 있는가? 아니면 중요한 약속을 까맣게 잊고 지키지 못한 적이 있는가? 그렇다면 이제까지 배운 것을 토대로, 이 부분이 큰 도움이 될 것이다.

생일과 기념일 기억하기

62쪽에서 달력에 중요한 날짜를 적어놓으라고 했다. 그런데 달력을 잃어버리거나 어디 두었는지 찾지 못하면 어떻게 할까? 중요한 날짜를 머릿속에 단단히 붙들어 매두었다가 필요할 때 기억해낼 수 있다면 정말 도움이 될 것이다.

다음은 중요한 날짜를 기억하는 과정이다.

| 생일인 사람을 생각한다 | > | 행사 이미지를 생각한다 | > | 그 달의 이미지를 생각한다 | > | 이미지를 생각한다 | > | 이미지를 날짜에 연결한다 |

이 경우에도 마찬가지로, 외워야 하는 정보를 대표하는 강렬한 시각 이미지를 떠올릴 만한 강력한 연상이 필요할 것이다.

월에 대한 이미지 만들기

월을 외우는 가장 쉬운 방법은 월별로 즉각 떠오르는 이미지를 생각하는 것이다. 예를 들어 12월이라면 크리스마스가 생각나고 빨간 옷에 흰 수염을 달고 푸근하게 웃는 산타클로스가 떠오른다. 8월도 휴가의 달이기 때문에 떠올리기 쉽다. 나는 모래 위에 펼쳐진 알록달록하고 커다란 비치 타월을 떠올린다. 다음은 내가 사용하는 이미지다. 마음껏 사용해도 되지만, 자신이 만든 특이한 이미지가 더 효과적일 테니 직접 만들어보는 것이 좋다.

1월	우람한 체격의 미식축구 쿼터백- 슈퍼볼이 1월에 시작한다.
2월	하트 모양 상자에 담긴 초콜릿 - 밸런타인데이
3월	행진하는 군인들

4월	화려한 색깔의 커다란 우산 - 4월에 내리는 소낙비
5월	마을 광장에 있는 5월 축제 기둥
6월	탱크(노르망디 상륙 작전이 6월에 있었음)
7월	바람에 나부끼는 성조기, 독립기념일
8월	화려한 비치 타월
9월	여름방학이 끝나고 무거운 가방을 메고 등교하는 학생들
10월	핼러윈 파티에서 튀어나온, 살아 있는 해골
11월	크랜베리 소스를 곁들인 통통한 추수감사절 칠면조 요리
12월	산타클로스

날짜에 대한 이미지 만들기

다음은 날짜를 대표하는 데 사용할 그림을 만들어보자. 1~10일에는 숫자 모양 기법(147~149쪽 참조)을 사용하여 이미지를 떠올리는 것이 좋다. 나머지 날짜는 숫자 압운 기법(111~114쪽 참조)과 숫자 모양 기법을 다음과 같이 결합한다.

두 자리 숫자의 경우, 숫자 압운 이미지가 첫 번째 자리를, 숫자 모양이 두 번째 자리를 나타내게 한다. 11~19일에는 태양(sun)의 이미지가 포함될 것이며 20~29일에는 구두(shoe)가, 30~31일에는 나무(Tree)가 포함될 것이다. (NS= 숫자 모양 기법, NR= 숫자 압운 기법)

2	백조(NS)
8	눈사람(NS)
13	태양(NR)이 수갑(NS)에 반짝인다
17	태양(NR)이 가로등(NS)에 반짝인다
25	신발(NR)이 고리(NS)에 걸려 있다
25	신발(NR)을 코끼리(NS)가 신고 있다
31	나무(NR)에 야구 방망이(NS)가 수없이 자라 있다

　직접 이 방법을 시도해보자. 1에서 31까지 숫자를 적고, 숫자 압운과 숫자 모양 기법을 사용하여 숫자마다 자신만의 이미지를 만들어보자. 그런 다음 이미지를 얼마나 빨리 떠올릴 수 있는지 확인해보자. 연상이 기억에 완전히 자리 잡을 때까지 계속 연습한다. 그러면 즉시 이미지가 떠오를 것이다.

이 기법 사용하기

　준비 작업을 마쳤으니, 나머지는 어렵지 않다. 친구 주하의 생일인 12월 27일을 외우고 싶다고 가정해보자. 다음은 상상할 수 있는 내용이다.

>	>	>	
사람 친구 주하의 얼굴을 마음속에 그린다.	**상황** 생일 케이크 위에 초가 꽂혀 있다	**달** 산타클로스 (12월)	**일** 높고 빨간 신발(2)과 가로등(7)

예들 들면, 노란 생일 케이크 위에 꽂힌 커다란 초록색과 빨간색 초를 불어서 끄고 있는 친구 주하가 보인다. 초가 꺼질 때마다 뚱뚱한 산타클로스가 "호! 호! 호!" 하고 크게 웃으며 초를 하나씩 잡아챈다. 초는 마법처럼 빨간 하이힐로 바뀌어 가로등 빛을 받아 빛나고, 산타클로스는 그 신발을 신는다.

친구를 떠올릴 때마다 말도 안 되는 이 장면이 생각날 테니, 그저 이 장면을 월과 일로 바꾸기만 하면 된다. 이렇게 자신만의 영상을 만들어 친구나 친척의 생일이나 기념일을 외워보자.

약속 기억하기

약속을 확실히 기억하려면 31단계의 여정을 만들어 월간 '계획표'로 사용한다. 예를 들어 이번 달 16일에 치과 검진 약속이 있으면 치과 의사와 관련된 이미지(2미터나 되는 긴 칫솔로 커다란 틀니를 닦는 이미지)를 여정의 16번째 장소에 배치한다.

새로운 기술 익히기

기억력이 좋다는 것은 사실이나 사건을 잘 떠올리는 능력에만 국한되는 것이 아니다. 기억력은 신체적 또는 정신적 기술을 새롭게 배우거나 발전시키는 데도 매우 중요한 역할을 한다. 기억력이 좋으면, 정보를 다룰 때 그것을 아는지 모르는지를 깨닫는 단계에 빨리 도달할 수 있다. 기술의 발전은 좀 더 진화적인 과정으로, 약간의 지식만 갖춰도 향상될 수 있다.

 기술이 진보하는 방식

새로운 기술을 배울 때, 그 과정에서 그 기술을 수행하는 능력과 수준에 관하여 뚜렷이 구분되는 여러 단계를 거친다. 요리나 운전을 배우는 기초적인 기술부터 악기를 연주하거나 능숙한 응

급처치사가 되는 법을 배우는 것까지, 새로운 기술을 습득하며 거치는 네 가지 주요 단계는 다음과 같다.

- 못하는 사실을 모르는 단계 - 할 수 있다고 생각했는데 실제로 해보니 할 수 없는 일을 시도하거나, 그 사실을 지적당할 때까지 그것을 할 수 없다는 사실을 모르는 단계다. 예를 들어 어렸을 때는 아마 자신이 운전을 할 수 없다는 사실을 몰랐을 것이다.
- 못하는 사실을 아는 단계 - 자신이 무언가를 할 수 없다거나 잘하지 못한다는 사실을 깨달으면 의식적으로 무력감을 느끼게 된다. 이때 특정한 기술을 배울 마음을 먹게 된다. 처음 운전을 하면서, 부모님이 할 때는 쉬워 보였던 운전이 사실 행동과 사고가 조화를 이루는 여러 과정이 포함된 복잡한 작업이라는 걸 알게 된다. 이것이 바로 이 단계다.
- 생각하면서 하는 단계 - 훈련과 개발 과정을 거치고 임무나 행동을 수행할 수 있게 되었지만, 여전히 생각을 해야 할 수 있는 단계를 말한다. 운전을 배울 때를 기억해보자. 가속 페달과 기어의 역할을 알지만, 차를 출발하려면 그것들을 어떻게 사용해야 하는지, 특히 기어를 바꿀 때 어떻게 해야 하는지 계속 생각해야 한다.
- 무의식적으로 하는 단계 - 기술이 몸에 배서 그에 대해 생각

할 필요가 없는 단계다. 얼마 정도 운전하고 나면, 예전에는 어려워 보였던 핸들이나 페달, 기어 조작을 수다를 떨거나 라디오를 듣거나 주변의 자동차를 쳐다보면서 아무 생각 없이 하게 된다.

 단계 옮겨 가기

생각하면서 하는 단계에 도달하면, 기술이 몸에 배고 무의식화되는 것은 연습과 반복에 달려 있다. 하지만 실제로 기술을 발전시키고 배우는 데는, 못하는 사실을 아는 단계에서 생각하면서 하는 단계로 넘어갈 때가 가장 중요하다. 이 단계에서 많은 사람들이 그만두거나 포기하고 만다. 그렇지만 이 책에서 소개한 몇 가지 단순한 기법을 따르면, 이 단계를 넘어가기가 훨씬 쉬워질 것이다.

 기술 습득을 잘하는 방법

성공을 확신한다

이 책에서 중요한 내용 중 하나는 '성공 확신하기(42~47쪽 참조)'로, 거기서 간추려 설명한 내용으로 원하는 기술을 발전시키는 능력을 강화할 수 있다. 기억을 위해 주요 내용을 다시 소개한다.

- 목표를 세운다.
- 계획을 짠다.
- 할 수 있다고 믿는다.
- 행동에 옮긴다.
- 긍정적인 태도를 유지한다.

머릿속으로 기술을 수행해보기

앞에서, 시각화 기법을 사용하여 마음의 눈으로 기억하기 쉬운 이미지를 만들라고 계속 주장했다. 기억은 실제 일어난 사건과 생생하게 상상한 사건을 구분하지 못하기 때문에, 시각화는 기술을 습득할 때도 중요한 역할을 한다. 톡 쏘는 과즙이 줄줄 흐르는 샛노란 레몬을 아주 자세하게 설명하면 실제로 레몬이 있는 게 아닌데도 침이 고일 것이다. 머릿속의 자극이 상상이라고 해도 몸은 머리가 보내는 신호에 반응하기 때문이다.

새로운 기술을 배울 때, 상상 속에서 기술을 연습해보는 것도 중요하다. 머릿속으로 철저하게 기술 수행 과정을 연습하면 실제 연습과 거의 같은 효과가 난다는 사실이 연구를 통해 밝혀졌기 때문이다.

배운 지식을 시각화하여 저장하기

새로운 기술을 개발하는 법에 대해 배운 것이 기억나지 않으면 앞으로 나아가지 못하고 좌절하며 포기하라는 유혹에 굴복하기 쉽다. 이에 대한 해결책은 학습한 내용을 저장해두는 지식 파일링 시스템을 사용하는 것이다. 그러면 필요할 때마다 배운 것에 즉시 접근할 수 있을 것이다. 여정 기법(150~154쪽 참조)을 사용하여 배우려는 것이 무엇이든 머릿속에 여정을 만들 것을 제안한다.

예를 들어 배우려는 기술이 골프 스윙을 개선하는 것이라면 골프장을 여행지로 설정하고, 테니스의 서브나 백핸드를 제대로 구사하는 것이라면 테니스장을 여행지로 선택할 수 있다. 그다음, 이어지는 장소나 중간 지점에 배운 내용을 이미지로 만들어 순서대로 하나씩 배치하면 된다. 학습한 내용을 참조할 때마다 머릿속으로 경로를 따라 걸으며 차례대로 하나씩 배운 내용을 찾아서 보면 된다. 배운 내용은 기술이 몸에 밸 때까지 도와주는 임시 '목발'일 뿐이다. 무의식적으로 할 수 있게 되면 배운 내용을 참조할 필요가 없어진다.

실패가 끝은 아니다

새로운 기술을 배우기 시작할 때, 실패에 대한 두려움이 사람들의 발전에 가장 크게 영향을 미친다. 뭔가 잘못되면 대부분은 '꼼짝하지 못할' 정도로(혹은 시도조차 하지 못할 정도로) 심각하게 영향을 받는다. 실패도 학습 과정의 한 부분이라는 점을 모르기 때문이다. 최근에 잘못했거나 실패했던 때를 돌아보자. 그 경험에서 많이 배웠는가? 학습의 효율을 높이고 싶다면 실패율을 높여야 한다.

외국어 단어 외우기

해외여행이 전보다 훨씬 쉬워져서 많은 사람이 외국을 여행한다. 방문한 나라와 문화를 경험하고 즐기려면 그 나라 말을 몇 단어라도 알고 있는 것이 크게 도움이 된다.

유창하지 않아도 된다

유창해져야 한다는 생각에 새로운 언어를 배우지 않는 사람이 많다. 다른 나라 말을 유창하게 할 수도 있지만, 꼭 그래야만 의사소통을 할 수 있는 것은 아니다. 연구에 의하면, 한 언어에는 단어가 아주 많지만, 대개의 원어민들은 수백 개의 단어만 사용한다.

외국어 단어 외우기 - 단계별로

외국어 단어를 외우는 과정은 다음과 같다.

- 새로운 언어에서 외우려는 단어를 고른다.
- 단어를 보면 떠오르는 이미지나 창의력을 발휘해서 연상되는 것을 찾아본다. 이 단계에서는 단어의 의미와 관계가 없는 것을 연상해도 된다.
- 단어를 보면 떠오르는 이미지를 단어의 의미에 결합한다.
- 반복적인 연습을 통해 연상을 '고착화'하여 기억을 강화한다.

다음은 내가 흔히 사용되는 독일어 단어의 뜻을 외우는 방법이다.

- 목표 단어인 'Zimmer(발음은 tsimmer)'에 초점을 맞춘다. 이 단어는 독일어로 '방'을 의미한다.
- 'Zimmer'는 'simmer'처럼 들린다. 그래서 이 경우에 내겐 부글부글 끓는 팬(simmering pan)이 연상된다.
- 이제 부글부글 끓는 팬을 방과 연결하는 괴상한 그림을 만든다(나라면 집을 사용해 방마다 하나씩 놓인 팬을 시각화하겠다).

• 그리고 나서 다음과 같은 연상의 고리를 조건화한다.

Zimmer > Simmering Pan > Room

이제 독일어로 'Zimmer'라는 단어를 들으면 곧바로 부글부글 끓는 팬을 생각하고, 즉시 집 안에 있는 모든 방에서 팬이 하나씩 끓고 있는 괴상한 그림이 떠오를 것이다.

 ## 실용 단어 외우기

이 방법을 배우고 나면 10분에 적어도 10개의 단어를 장기 기억에 박아둘 수 있다는 사실을 알게 될 것이다. 3~4주면 원하는 언어의 실용 단어를 배울 수 있을 것이다.

처음에 언어를 사용하기 시작할 때는 단어의 뜻을 생각나게 할 트리거 단어와 그 단어를 해석해줄 특이한 이미지를 떠올리는 과정을 모두 거쳐야 한다. 하지만 언어를 계속 사용하다 보면 머지않아 그러지 않아도 된다. 단어가 해당 언어에서 알고 있는 어휘의 일부가 되기 때문에, 단어의 의미를 '그냥 알아서' 마음대로 꺼내 쓸 수 있게 된다.

연설 내용과 우스갯소리 외우기

공석에서 연설하는 것은 사람들이 가장 두려워하는 일 중 하나다. 여러 사람 앞에서 말하는 게 익숙하지 않다면 엄청나게 떨릴 것이다.

공포심을 일으키는 가장 큰 원인은 할 말이 생각나지 않아 청중 앞에서 입이 바짝바짝 마를지도 모른다고 두려워하기 때문이다.

왜 할 말을 잊어버리는가?

앞서 나온 스트레스에 관한 내용을 떠올려보면, 사람들은 위협을 마주치거나 감지하면 투쟁-도피 반응을 보인다. 위협으로부터 도망치거나 이를 막는 데 필요하지 않은 신체 활동을 멈추는 것인데, 이런 활동에는 뇌에서 장기 기억을 담당하는 영역도 포함된다.

많은 사람 앞에서 이야기할 때, 준비가 충분히 되어 있지 않으면 투쟁-도피 기제가 작동하고, 할 말을 기억해내기 위해 머리를 쥐어짜야 하는 당황스러운 상황에 처할 수도 있다.

연설 내용을 기억하기 위해 할 수 있는 일

딸의 결혼식에서 짧게 한마디 하는 경우라도, 여러 사람 앞에서 연설을 잘하는 비결은 매우 단순하다.

전하려는 내용을 숙지하고 말하는 연습을 한다

체계적으로 구성한 연설문을 솜씨 좋게 작성하여 제대로 전달하는 방법은 이 책에서 다루는 내용이 아니므로, 이미 연설 내용을 준비한 것으로 가정하자. 하지만 연설문을 준비하는 과정이 말하려는 내용에 매우 익숙해지게 하고, 이는 내용을 기억해내는 데 도움이 된다는 것을 알게 될 것이다.

1단계 - 연설 내용을 단락으로 나눈다

전할 내용의 길이가 5쪽이라면, 논리에 따라 반 쪽씩 10단락으로 나눈다. 각 단락의 목적을 확실히 하고, 단락마다 특이하지만 논리에 맞는 이름을 붙인다.

2단계 - 단락별로 핵심어를 확인한다

각 단락의 주제에서 말할 내용을 떠올리게 해줄 핵심어를 선택한다. 반 쪽당 3~4개 정도면 된다. 아이디어나 주제별로 한 개의 단어를 찾아보자.

3단계 - 단락별로 말하는 연습을 한다

단락으로 나누고 단락별로 핵심어를 선정했다면, 다음 단계로는 단락을 차례로 전달하는 연습을 한다.

- 단락을 크게 소리 내어 읽으며 운율과 속도, 내용에 익숙해진다.
- 첫 번째 핵심어를 선택하여 그 단어가 요약하는 구절을 기억에서 꺼내 암송한다. 구절을 글자 그대로 반복하는 데 집중하기보다는 의미에 초점을 맞춘다.
- 작성한 내용을 얼마나 정확하게 말할 수 있는지 확인한다. 이 단계에서는 일부분만 기억해낼 수 있을 것이다.

- 핵심어에 대해 전달할 내용을 만족스럽게 말할 수 있을 때까지 이 과정을 최대 3번 반복하고 나서 넘어간다.
- 다른 핵심어도 마찬가지로 연습한다.
- 한 단락의 핵심어에 대해 연습을 모두 마치면, 핵심어만 보면서 단락 전체를 말해본다. 이 연습은 3번만 한다.
- 단락별로 이 과정을 반복한다.

대부분은 첫 단락에서 시작해 마지막 단락까지 연습을 마무리하겠지만, 나는 맨 마지막 단락에서 첫 단락으로 순서를 거꾸로 연습하거나, 정해진 순서 없이 연습하는 경우에 가장 결과가 좋았다.

4단계 - 연설 전체를 말하는 연습을 한다

각 단락의 주제와 핵심어를 지침으로 삼아 전달할 내용 전체를 외워서 말하는 연습을 하는데, 매번 작성한 내용과 비교하여 수정해야 할 부분은 수정한다. 연습할 때 말하는 것을 녹음한 다음, 개선할 부분을 확인하며 다시 들어본다.

5단계- 연설 내용을 외운다

회상 과정을 반복하고 나면 각 단락의 핵심어에 의해 내용이 떠오를 정도로 기억이 아주 좋아질 것이다. 이제 할 일은 각 단락의 이름과 연상되는 핵심어를 외우는 것이다.

10단락으로 나눴다면 10단계의 여정을 만들어 각 단락의 이름을 외워보자(150~154쪽의 여정 기법 참조). 전달할 메시지와 어울리는 여정을 활용하는 것이 도움이 될 것이다(예를 들어 결혼식장 주례사는 교회). 하지만 꼭 그래야만 하는 것은 아니다. 각 단계마다 단락별로 기억에 남을 만한 이미지를 떠올린다.

이제 단락별 핵심어를 특이한 이야기에 넣어 서로 연결하고, 단락 제목에 고른 이미지를 통해 핵심어를 연상하고 외운다. 그러면 머릿속으로 경로를 따라 걸으며 방문하는 장소마다 해당 단락에 연합된 핵심어와 이야기 속에서 연결된 단락의 이미지가 보일 것이다.

6단계 - 외워서 말하는 연습을 한다

이미지를 트리거로 삼아 연설을 미리 연습해본다. 충분히 연습하면 이미지 없이도 전달할 내용을 말할 수 있다. 그래도 필요하면 언제든 이미지를 사용하면 된다.

우스갯소리를 기억하는 기술

우스갯소리를 할 때 결정적인 부분을 까먹은 적이 있다면, 이를 기억하는 간단한 방법이 있다. 필요한 것은 우스갯소리를 저장할 지식 파일링 시스템이다. 다시 말하지만, 내가 선호하는 방법은 여러모로 활용도가 높은 여정 기법이다. 첫 단계는 우스갯소리를 배치할 여정을 고안하는 것이다.

다음으로는 우스갯소리를 구성하는 각 단계와 결정적인 내용에 대한 선명한 이미지를 만들어 이야기 속 이미지를 여정의 각 단계와 연결한다. 이미지가 착착 떠오를 때까지 연습한 다음, 자신감이 붙을 때까지 우스갯소리를 말하는 연습을 한다.

마인드맵®

수천 년 동안 문자는 아이디어나 사상을 체계화하고, 보존하고, 공유하는 효과적인 메커니즘이었다. 하지만 뇌의 활동 방식에 관한 연구를 통해, 종이에 글로 적어 내려가며 정리하는 전통이 인지 능력을 활용하는 가장 좋은 방법이 아닐지도 모른다고 밝혀졌다. 생각을 체계화하는 더 효과적인 방법이 많지만, 나는 마인드맵®이 가장 효과적이라고 생각한다.

 마인드맵®이란?

마인드맵®은 주제를 개괄적으로 보여줌으로써 뇌가 정보를 완전히 이해하기 쉽게 만드는 방법이다. 이는 영국의 심리학자이자 사고 전문가인 토니 부잔이 1970년대 초반에 고안한 것으로, 기억력과 문제 해결력, 창의성을 높이기 위해 종이에 생각을 가장 효과적으로 정리하는 방법과 기억에 대해 광범위한 연구를 거쳐 만든 것이다.

이는 분석적 영역인 좌뇌와 상상력과 영감을 담당하는 영역인 우뇌를 동시에 활용한다.

현재 전 세계에서 수백만 명이 사용하고 있는 마인드맵®은 궁극적인 사고 수단으로 설명되고 있으며, 배우기도 쉽고 사용하기도 간단하다. 다음의 예를 보면 마인드맵®이 어떻게 주요 특징을 결합하는지 알 수 있다.

- 마인드맵®의 논제를 나타내는 중심 이미지
- 논제의 주제를 알려주는 핵심어가 표시된, 방사형으로 펼쳐진 주가지
- 각 주제의 세부 내용을 나타내는 핵심어가 표시된, 더 작은 부가지

잘 작성된 마인드맵®에는 다음과 같은 요소를 사용한다.

- 우뇌를 자극하고, 논제와 주제를 구분하기 위한 다양한 색상
- 신중하게 선택되어 하나하나 알아보기 쉽게 쓰인 핵심어. 단어는 그에 맞는 크기로 가지 위에 깔끔하게 자리 잡고 있

어야 한다.
- 되도록 많은 이미지(그림은 사고의 언어이기 때문에). 부가지에는 단어 없이 그림만 있을 수 있다.
- 핵심어와 관련된 이미지 사이의 연관성을 표시하는 화살표

가지의 길이는 단어의 길이와 맞아야 한다. 머릿속으로 마인드맵®을 떠올릴 때, 중요한 특징 중 하나가 가지의 크기이기 때문이다. 예를 들어, 오른쪽에서 뻗어 나온 긴 가지가 떠오르면 기억은 자동으로 그와 어울리는 긴 단어를 찾을 것이다.

마인드맵®의 이점

특히 정보를 오랫동안 기억해야 하는 경우, 마인드맵®은 훌륭한 도구가 될 것이다. 또한 보고서를 계획하든, 보고 들은 것을 기록하든, 생각을 종이에 정리하는 데 매우 효과적인 도구이기도 하다.

다음과 같은 이유로, 기록하는 대신 마인드맵®을 사용하면 이 과정을 통해 더 많은 것을 성취하고 기억력을 개선할 수 있다.

- 뇌를 더 많이 사용하게 되므로, 과제에 훌륭한 능력을 더 많이 쏟아부을 수 있다.
- 손으로 쓰는 것보다 마인드맵®을 그리는 게 시간이 덜 들며, 즐겁고 흥미롭다.
- 논제를 기록하는 것보다 마인드맵®을 그리는 과정에서 논제를 더 집중해서 생각하게 되므로, 인지 능력이 개발된다.
- 손으로 쓴 것보다 마이드맵®에서 정보를 편집하고 검토하기가 훨씬 쉽다.

자신만의 마인드맵® 그리는 법

마인드맵®을 그리는 과정은 간단하다. 시작할 때는 익숙한 논제로, 스스로 연습해보자!

- 종이 한 장을 꺼내 가로로 둔다(가로로 긴 면이 오게끔).
- 적어도 3가지 색깔의 색연필을 사용하여 종이 한가운데 자신의 이미지를 그린다. 잘 그릴 필요는 없다. 정확하게 그리지 않아도 되는데, 이미지는 출발점일 뿐이다.
- 삶에서 중요한 영역들을 떠올리고 중심의 자신에 대한 이미지에서 주가지를 그린다. 가지별로 다른 색연필을 사용한다. 예를 들어, 가족, 취미, 직업, 친구, 집, 휴가 등 중요한 것이라면 주가지가 된다. 주가지마다 핵심어를 적거나 그림을 그린다.
- 주가지에서 뻗어 나온 더 작은 가지를 그려서 각 주제 영역에 세부 내용을 추가한다. 가지마다 핵심어를 적어두거나 적절한 이미지를 그리면 된다.

읽은 내용 기억하기

이름을 까먹을 때도 그렇지만, 가장 흔하게는 읽은 것이 생각나지 않는 경우에 자신의 기억력이 나쁘다고 생각하게 된다. 그렇게 생각하는 것도 당연하지만, 대개는 틀린 추측이다.

 왜 읽은 것을 전부 기억하지 못하는 걸까?

읽을 때 무엇을 기대하는지 분석해보라고 하면, 대개 사람들은 다음과 같이 대답한다.

1단계

"그 페이지에서 문자를 보고, 그 문자를 내가 읽고 이해할 수 있는 단어를 이루는 글자로 알아볼 거라고 생각해요."

2단계

"읽은 내용을 기억해서 나중에 이용하거나 다른 사람과 의사소통할 때 기억해내길 기대해요."

이것은 읽는 행위에서 무엇을 바라는지 생각할 때 나올 법한 대답이다. 하지만 읽으면서 무엇을 하는지 살펴보면 이런 기대는 말이 안 된다.

사람들은 대부분 1단계(읽는 부분)만 배우고, 그것만 한다. 2단계(기억 부분)를 실현하기 위해 아무것도 하지 않는다. 그러므로 원하는 결과를 기대하는 것은 지나친 욕심이며, 그것을 이루기에는 턱없이 부족하다. 읽은 내용을 더 많이 기억하려면, 정보를 확실히 외우기 위해 적극적이어야 한다.

읽은 것이 기억나지 않는 또 다른 이유는 주의가 산만하기 때문이다. 눈은 글씨를 따라가고 있는데도 정신은 다른 곳에 가 있다. 읽고 있는 자료에 온전히 집중하지 못하기 때문에 의식적으로 정보를 흡수하지 못하고, 결과적으로 기억할 수 없다. 책을 끝까지 읽고도 아무것도 남는 게 없는 것도 그 때문이다.

더 잘 읽는다

첫 번째 해결책은 효율적으로 읽는 것이다. 학교에 가서 읽기를 배우는 것이 좋겠지만, 불행히도 대부분의 사람이 배운 읽기 방법은 읽는 속도를 제한하고 비효율적으로 읽는 온갖 나쁜 버릇을 들여놓는다. 다음은 더 잘 읽게 하는 몇 가지 방법이다.

- 시선이 여기저기 돌아다니지 않도록 펜(혹은 손가락)으로 짚어가며 읽는다(다시 읽기 위해 되돌아갈 필요는 없으며, 속도를 늦출 뿐이다).
- 단어를 하나씩 읽지 말고, 의미 있는 덩어리로 묶어서 읽는다.
- 읽는 데 신경 쓰느라 딴생각으로 주의가 흩어질 틈 없이 빨리 읽는 연습을 하자.

유용한 읽기 전략

읽기 기술을 향상할 뿐 아니라 자료에 대한 몰입도를 높여서 기억을 증진해주는 소설이나 비소설 읽기 전략도 활용할 수 있다.

- 비소설을 읽을 때는 자료를 재빨리 훑어보면서 요점을 파악하고, 집중적으로 봐야 할 '중요한 부분'이 어디인지 확인하기 위해 미리 살핀다.
- 주의를 집중할 수 있도록 얻고 싶은 내용에 대한 목표를 세운다.
- 읽으면서 연필이나 형광펜으로 핵심어와 문장을 표시한다.
- 읽으면서 의문 사항이나 관찰한 내용, 의견 등을 메모한다.
- 다 읽은 후에는 자료를 처음부터 재빨리 훑어보며 읽은 내용을 다시 검토한다.
- 마지막으로 읽은 정보를 요약하여 기억에 새겨 넣는다.

> **모든 것을 기억할 수 있을까?**
> 잠재의식의 힘은 매우 강력하고, 살면서 겪는 모든 것이 기억에 저장된다고 믿는 사람들도 있다. 하지만 대부분의 기억은 최면 상태일 때만 접할 수 있는 것으로 보인다(그리고 이렇게 접근한 기억이 진짜 기억인지에 대해서도 의심의 여지가 있다). 그러므로 불가능한 일을 시도하며 읽은 것을 모두 완전하게 기억해내는 능력을 갖추려고 애쓰기보다는, 기억해야 할 중요한 것에만 초점을 맞추는 편이 낫다.

기억력 끌어올리기

앞에서 소개한 전략을 활용하고 더 잘 읽기만 해도 읽은 정보를 자연스레 더 많이 기억할 수 있다는 사실을 알게 될 것이다.

그러나 이렇게 나아지더라도 정보를 언제든 꺼내 쓸 수 있으려면 그것을 외우고 조건화해야 한다. 앞서 설명한 기법을 사용하여 할 수 있는 몇 가지 방법을 살펴보자.

- 읽으면서 메모를 할 때 마인드맵®(175~179쪽 참조)을 활용한다. 이 강력한 도구를 사용하는 과정을 통해 집중력을 높이고 자료에 대해 더 깊이 생각할 수 있다. 또한 읽은 내용을 기억에 남는 정보로 만들 수도 있을 것이다.
- 자신의 마인드맵®을 10분 후, 1일 후, 1주 후, 1달 후, 3달 후, 6달 후에 주기적으로 점검하여 지식이 장기 기억으로 바뀔 수 있도록 한다. 점검할 때마다 기억을 더듬어 마인드맵®을 그려본 후 원래 것을 확인한다.
- 읽은 내용에서 핵심 포인트를 찾아내 이야기 기법(104~109쪽 참조)이나 여정 기법(150~154쪽 참조)을 사용하여 외운다.

"기억에는 철학뿐 아니라 예술과 처세와 관련된 모든 것이 들어 있다."

- 마르쿠스 툴리우스 키케로(*기원전 106~43*)

이 책에서 효과가 입증된 기법을 통해 나름대로 발전시킨 기술을 사용하여 입이 떡 벌어질 만큼 대단한 기억력을 선보일 수 있는 단계에 다가섰다. TV에서 말도 안 되게 긴 숫자나 뒤죽박죽 섞인 카드 여러 벌을 외우는 놀라운 능력을 보여주는 사람들 모두, 지금 당신과 같은 기억력 개발 단계였던 적이 있었다.

당신에게도 이런 재주를 펼칠 능력이 있다. 이 장에서는 이러한 재주를 보여주는 기억력 전문가들이 사용하는 몇 가지 비법을 알아볼 것이다. 그것이 얼마나 쉬운지 알면 놀랄 것이다.

당신도 부단한 연습을 거친 후 TV에 출연하거나 세계 기억력 챔피언십에서 엄청난 면모를 보여주게 될지 모른다. (웃을 일이 아니다. 내가 바로 그런 사람이다!)

5
기억력 챔피언의 노하우

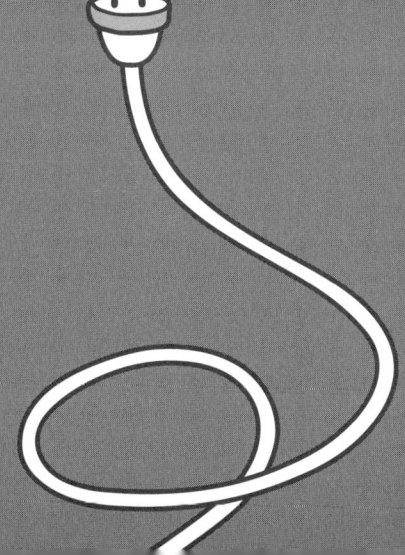

주요 기법

주요 기법은 17세기까지 거슬러 올라가는데, 지식 파일링 시스템이나 숫자나 날짜, 목록을 외우는 데 사용할 수 있는 음성 기억 기법(Phonetic Memory System)이다.

 작동 방법

숫자를 단어로 만들 수 있는 자음으로 부호화한 다음 기억에 남는 이미지를 만든다.

0		
1		

2		
3		
4		
5		
6		
7		
8		
9		

주요 기법을 적용하는 방법

주요 기법은 사용하기 쉽다. 다음의 3단계를 따라 하면 된다.

1단계 - 자음 할당하기

외우려는 숫자를 고른 다음, 숫자 자리마다 어울리는 자음을 할당한다. 예를 들어 18374는 다음처럼 지정할 수 있다.

1	8	3	7	4
t, th, d	f, v	m	g의 거센소리 - g, c, k, ch, ng	r

2단계 - 단어 만들기

숫자의 순서대로 알파벳 조합을 선택하여 모음이나 묵음인 'h', 'w', 'y'를 더해 한 개의 단어나 구절을 만든다. 중요한 것은 자음의 소리라는 사실을 기억하자. 예를 들어 18374는 다음과 같은 말이 될 수 있다.

Toffee Maker - t(1) f(8) m(3) k(7) r(4)

숫자를 글자로 전환할 때 선택이 다양하다는 것을 알게 될 것이다. 하지만 거꾸로 단어를 숫자로 전환해보면 'Toffee Maker'는 단 한 개의 숫자 조합밖에 나오지 않는다.

3단계 - 기억 속에 단어 새기기

기억 속에 단어(그러니까 숫자)를 새겨 넣으려면 단어에 딸린 특이하고 과장된 이미지를 만들어야 한다. 18374가 회사 사무실 문 비밀번호라면 toffee maker가 빌딩을 연상시키게 하는 괴상한 그림을 떠올리면 된다.

자신만의 숫자 이미지 만들기

이제 창의력을 약간만 동원하면 1부터 100까지, 혹은 그 이상의 모든 숫자에 고유한 이미지를 붙이는 파일링 시스템을 개발할 수 있을 것이다! 숫자 몇 개를 가지고 해본 다음 다시 떠올리는 연습을 통해 숫자와 그에 연합된 단어와 이미지를 기억에 새긴다. 그러면 긴 목록을 외울 수 있는 자신만의 쐐기 시스템이 생길 것이다.

> **베토벤의 생일**
> 역사적인 기념일이나 유명인과 관련된 날짜를 외우려다 실패한 적이 많은가? 주요 기법은 그런 날짜를 외우기에 아주 좋은 방법이다.
> 숫자 1770을 골라서 1=d, 첫 번째 7=g, 두 번째 7=k, 0=s라고 문자를 지정하면 'Dog Kiss'라는 말을 만들 수 있다.
> 그런 다음 개 한 마리가 달려들어 침을 흘리며 사람들을 핥는 생생한 이미지를 만든다. 쓸데없다고? 만약 베토벤이 1770년에 태어났다는 사실을 알고 베토벤의 이미지를 가져다 개가 핥아대는 모습과 연결하면, 그의 탄생 연도를 기억하는 데 주요 기법을 사용한 것이다.
> 'Tea Cakes' 또는 'Duck Case'라는 단어를 선택할 수도 있다. 기호 체계를 지키기만 한다면 아무 문제 없다.

챔피언에게 배우기

기억력 전문가로서 경력을 쌓고 있는 많은 동료처럼, 나도 세계 기억력 챔피언십에서 8차례나 우승을 한 도미니크 오브라이언을 보고 자극을 받았다. 오브라이언은 놀라운 기억술사일 뿐 아니라, 현재 전 세계적으로 많은 사람들이 사용하는 자신만의 기억술을 고안해내기도 했다.

 도미니크 기법

단순하지만 놀랄 만큼 강력한 도미니크 기법을 사용하면 아무리 긴 숫자라도 쉽고 빨리 외울 수 있다. 이 기법은 숫자에 글자를 지정하고 가족이나 친구와 같이 잘 아는 사람과 연결하여 숫자를 개인화시키는 것을 기반으로 한다. 잘 알려진 물건이나 유명인을 활용할 수도 있다. 다음의 4단계를 따라 하면 된다.

0	1	2	3	4	5	6	7	8	9
O	A	B	C	D	E	S	G	H	N

1단계 - 0에서 9까지 문자를 지정한다

보통 'six'에 강한 's' 음이 있어서 'S'가 6에 사용된다. 9는 아홉 번째 알파벳인 'I'보다 사용하기 쉬운 'N'을 사용한다.

2단계 - 문자의 짝을 만든다

00에서 99까지의 수는 한 쌍의 문자를 만든다. 종이에 적어두자. 예를 들어, 23은 BC, 10은 AO라는 문자 쌍을 갖게 된다.

3단계 - 유명인을 생각해본다

각 쌍의 문자와 같은 이니셜을 가진, 잘 알거나 유명한 사람을 찾는다. 예를 들면, CD(34)는 찰스 디킨스(Charles Dickens)가 될 수 있다.

4단계 - 관련된 물체를 고른다

목록에 있는 사람별로 그들과 관련이 있거나 어떤 식으로든 전형적인 특징을 나타내는 물건을 찾아낸다.

숫자	첫 글자	인물	물건
48	DH	데이먼 힐(Damon Hill, 포뮬러 1 챔피언)	포뮬러 1 경주 자동차
37	CG	크레이그 그리피스 (Craig Griffiths, 내 친구)	야구 배트(그는 야구광이다)

다음은 내가 사용하는 예다.

도미니크 기법을 사용하는 법

먼저, 외우려는 숫자를 고른 다음 4자씩 나눈다. 예를 들어 48379651은 4837과 9651로 나눈다. 4837을 외우려면, 첫 번째 2자리 수(48)가 나타내는 사람을 골라 두 번째 2자리 수(37)의 물건과 연결한다. 나는 데이먼 힐이 노란 레이싱복을 입고 거대한 초록색 금속 야구 방망이를 휘두르는 모습을 떠올린다.

그다음, 여정 기법(150~154쪽 참조)으로 만든 여정을 골라 숫자와 연관 이미지를 적당한 곳에 고정시킨다. 두 번째 4자리 수에 대해서도 이 작업을 반복한다.

숫자를 기억해내려면, 머릿속으로 여행 경로를 따라 걸으며 장소마다 배치한 이미지를 시각화한다. 그리고 이미지를 숫자로 전환한다. 예를 들어 데이먼 힐과 야구 방망이가 보이면 그 이미지를 숫자 4837로 바꾸면 된다. 3748(순서가 바뀐 두 쌍의 2자리 수)을 기억해야 했다면, 내 친구 크레이그가 포뮬러 1 경주차를 몰고 있는 그림을 만들었을 것이다.

 홀수 처리하기

모든 번호가 편리하게 4자리로 나뉘지는 않아서, 1자리나 2자리, 혹은 3자리가 남을 수 있다. 이렇게 남은 자리의 수를 외우려면 여러 기법을 조합해 사용하면 된다.

1자리가 남은 경우: 숫자 압운 기법이나 숫자 모양 기법(111~114쪽과 147~149쪽 참조)에서 해당하는 이미지를 선택한다.

2자리가 남은 경우: 도미니크 기법으로 해당 숫자를 나타내는 사람을 생각한다.

3자리가 남은 경우: 도미니크 기법에서 처음 2자리 수를 나타내는 사람과 세 번째 자리의 수를 숫자 압운 기법 또는 숫자 모양 기법으로 처리하여 나온 이미지와 엮어본다.

카드 한 벌 외우기

가장 인상적인 기억력 재주 중 하나는 뒤섞인 카드 한 벌을 한 번만 보고 그 순서를 기억해내는 것이다. 조금만 연습하면 친구들에게 이 재주를 보여주며 놀라게 하거나, 카드 테이블에서 승승장구할 수 있을 것이다.

카드의 이미지를 저장해둘 장소를 마련한다

카드를 외우려면 우선 카드 52장을 모두 정리해 저장할 지식 파일링 시스템이 필요하다. 이 경우에는 가장 유연하고 강력한 기억법인 여정 기법(150~154쪽 참조)을 사용하는 것이 좋다. 카드를 외울 때 한 장소에 카드 2장을 연결할 수 있도록 26단계로 된 여정을 만든다. 3~4개의 여정을 마련하면 매번 새로운 여정을 떠날 수 있고 헷갈리지 않는 데 도움이 된다.

카드마다 독특한 이미지를 만든다

이제 카드마다 독특한 이미지를 만들어야 한다. 새로운 이미지를 만들 수도 있지만, 시간과 노력을 절약하려면 주요 기법(187~191쪽 참조)이나 도미니크 기법(192~195쪽 참조) 중 더 편한 기법에서 이미 지정해놓은 이미지를 '빌리는' 것이 좋겠다. 숫자와 카드를 동시에 외울 가능성은 극히 희박하므로(나도 그런 적이 없으므로 장담할 수 있다!) 이렇게 하는 것이 안전하다.

카드마다 숫자 지정하기

이미지를 만드는 첫 번째 단계는 카드마다 고유한 번호를 매기는 것이다.

예를 들어, 클로버는 10~22의 숫자를 사용한다. (A=Ace, J=Jack, Q=Queen, K=King)

10	11	12	13	14	15	16	17	18	19	20	21	22
10♣	A♣	2♣	3♣	4♣	5♣	6♣	7♣	8♣	9♣	J♣	Q♣	K♣

다이아몬드(30~42)는 다음과 같이 숫자를 부여할 수 있다.

30	31	32	33	34	35	36	37	38	39	40	41	42
10♦	A♦	2♦	3♦	4♦	5♦	6♦	7♦	8♦	9♦	J♦	Q♦	K♦

그리고 하트(50~62)와 스페이드(70~82)에도 같은 방식으로 숫자를 부여한다. 이제 클로버 에이스의 숫자 11과 클로버 2의 숫자 12에 주요 기법이나 도미니크 기법에서 만든 이미지를 연결한다. 나머지 카드도 같은 식으로 하면 된다. 그런 다음 카드를 생각하면 숫자 11이 떠오르고, 11이 클로버 에이스를 나타낸다는 것을 알게 될 것이다.

연습만이 살길이다

각 카드를 숫자로 변환하고 연합된 이미지를 시각화하는 연습을 한다. 그런 다음 카드 한 쌍의 이미지들을 서로 연결한다(현재 26단계의 여정을 사용하고 있으므로, 이미지가 2배로 필요하다). 마지막으로, 장소별로 두 개의 이미지를 연결하는 연습을 한다.

전문적인 항목이 나열된 긴 목록

퀴즈 대회에서 좋은 성적을 거두고 싶다면, 이 책에서 배운 여러 기법을 사용하여 어떤 주제에 대해서든 백과사전적인 지식을 쌓을 수 있다. 다음은 출제될지도 모르는 문제들이다.

왕과 왕비	세계 각국의 수도
긴 강의 이름	로마 황제 이름
미국의 주와 주 도시	영국 수상의 이름
골프 US 마스터 우승자	별자리
미국 대통령	세계 각국의 통화
원소 주기율표	노벨 평화상 수상자

 중요한 첫 단계

전문적인 항목에 관한 긴 목록을 외우기 위해 준비하는 과정에서 가장 중요한 단계는 먼저 정보가 올바른지 확인하는 것이다. 정보가 옳지 않다면 놀랄 만큼 긴 목록을 완벽하게 외워도 소용이 없다.

정보가 정확하다는 것을 확인했다면, 그것을 외우고 기억해내는 데 사용할 수 있는 주요한 기법에는 다음의 두 가지가 있다.

여정 기법의 사용

여정 기법(150~154쪽 참조)은 연속되는 정보나 날짜와 관련이 있는 정보를 외우기 좋은 방법이다. 예를 들어 축구를 좋아해서 1930년부터 지금까지의 월드컵 우승국을 외우고 싶다면 20개의 장소로 된 여정을 짜면 된다. 우승국을 차례대로 외우고도 다음 대회 우승국을 위한 자리가 두어 개 남을 것이다.

다음 단계는 장소마다 순서대로 우승국의 이미지를 배치하는 것이다. 예를 들어 열두 번째 장소(1982년 우승국)에는 생생하거나 특이하거나 범상치 않은 로마의 콜로세움 이미지를 배치하면 된다(그해의 우승국은 이탈리아임). 그런 다음 머릿속으로 여정을 따라 걸으며 장소마다 붙여놓은 이미지를 떠올리면 1930년부터 모든 우승국을 순서대로 정확하게 외울 것이다.

연상의 사용

순서대로 외울 필요가 없는 정보는 한 항목과 다른 항목을 연결하기만 하면 된다. 각국의 수도나 통화 같은 정보가 그러하다. 예를 들어 태국의 통화가 바트라는 사실을 기억하려면 태국을 대표하는 이미지를 통화를 나타내는 이미지와 연결해야 한다.

수백 개의 넥타이(Thai-)가 들판(-land)으로 낙하하며 야구 방망이(baht)로 서로 공격하는 장면을 떠올릴 수 있다. 외우려는 통화별로 이런 과정을 반복하고, 각국의 수도를 외울 때도 같은 기법을 시도해본다. 수없이 다양한 아이디어가 가능하다.

감사의 말씀

　기억력 증진 분야의 선구자들께 감사 인사를 드리고 싶다. 특히, 브루노 퍼스트 박사와 해리 로레인, 토니 부잔, 케빈 트루도, 도미니크 오브라이언은 많은 사람에게 기억력을 개선할 기회를 선사한 사람들이다. 그들의 헌신적인 노력이 없었다면, 나는 지금도 형편없는 기억력과 씨름하고 있을지도 모른다.

　특히, 스스로 재능과 능력을 인정하지 못하고 의심하고 있을 때 내 존재와 내가 이룬 성과를 믿어주며 정신적인 지원과 조언을 해준 폴과 로나 브리들, 데니스 프라이어, 워런 슈트에게도 감사의 마음을 전한다. 그리고 내가 꿈을 좇을 수 있도록 지지와 사랑, 격려를 보내준 내 사랑 줄리 러티치에게 마음속 깊이 감사한다. 던컨 베어드 출판사의 모든 직원, 특히 캐롤린 볼과 대프니 라자잔, 봅 색스턴도 고마운 사람들이다.

　마지막으로 이 책에 등장한 분들 모두와 내 작업(그리고 내 인생)에 긍정적인 영향을 준 모든 분에게 감사의 마음을 전하고 싶지만, 지면이 허락하지 않아 안타깝다. 그들은 누구를 말하는지 알 것이다. 그래서 감사한다.

세계 기억력 챔피언의 초스피드 암기술
무엇이든 쉽게 기억하는 궁극의 암기 기술

초판 발행 2020년 10월 20일 | 1판 1쇄 2020년 10월 30일
발행처 프로제 | **발행인** 김영두 | **지은이** 마이클 티퍼 | **옮긴이** 김영정
주소 부산시 수영구 광남로 160-1 | **팩스** 070.8224.4322
등록번호 제338-2013-000008호 | **이메일** proje@doowonart.com

ISBN 979-11-86220-48-1

이 책의 한국어판 저작권은 프로제 출판사가 소유하고 있습니다.
낙장 및 파본은 구매처에서 교환하여 드립니다.
구입 철회는 구매처 규정에 따라 교환 및 환불처리가 됩니다.

Instant Recall
All Rights Reserved

Copyright © Watkins Media Limited 2007, 2018
Foreword Copyright © Dominic O'Brien 2007, 2018
Text Copyright © Michael Tipper 2007, 2018
Artwork Copyright © Watkins Media Limited 2007, 2018
First published in 2007 under the title Memory Power-Up
www.watkinspublishing.com

Korean Translation Copyright © 2020 by Proje
The Korean translation rights arranged with Watkins Media Limited.

이 책의 한국어판 저작권은 Watkins Media Limited사와의 독점계약으로 프로제에서 소유합니다.
저작권법에 따라 한국 내에서 보호를 받는 저작물이므로 무단 전재와 복제를 금합니다.